W0347770

BAEDEKER SMART

Marrakech

Verlag Karl Baedeker – www.baedeker.com

Wie funktioniert der Reiseführer?

Wir präsentieren Ihnen Marrakechs Sehenswürdigkeiten in vier Kapiteln. Jedem Kapitel ist eine *spezielle Farbe* zugeordnet.
Um Ihnen die Reiseplanung zu erleichtern, haben wir alle wichtigen Sehenswürdigkeiten jedes Kapitels in drei Rubriken gegliedert: Einzigartige Sehenswürdigkeiten sind in der Liste der *TOP 10* zusammengefasst und zusätzlich mit zwei Baedeker Sternen gekennzeichnet. Ebenfalls bedeutend, wenngleich nicht einzigartig, sind die Sehenswürdigkeiten der Rubrik *Nicht verpassen!* Eine Auswahl weiterer interessanter Ziele birgt die Rubrik *Nach Lust und Laune!*

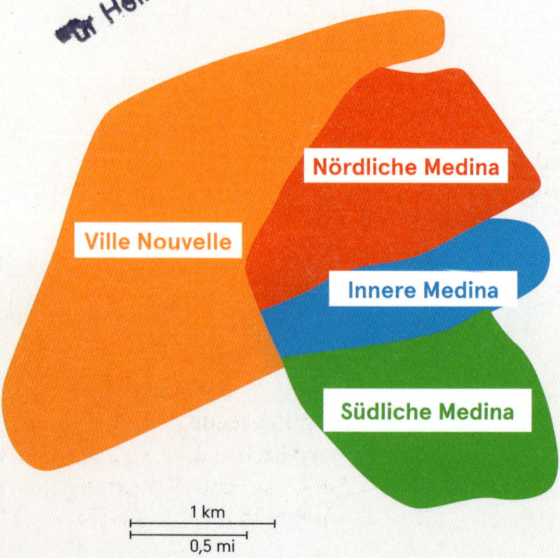

Praktische Informationen

Anhang

Magische Momente

Kommen Sie zur rechten Zeit an den richtigen Ort und erleben Sie Unvergessliches.

Traumhafte Ausblicke über Marrakech eröffnen sich auf den Dachterrassen der Altstadt.

Der Souk ist ein wahres Schatzkästchen an besonderen Souvenirs.

1

2

3

4

5

6

7

LA MAMOUNIA
8

9

10

★★ Baedeker Topziele

Unsere TOP 10 helfen Ihnen, von der absoluten Nummer eins bis zur Nummer zehn, die wichtigsten Sehenswürdigkeiten einzuplanen.

❶ ★★ Djemaa el Fna
Der faszinierende Gauklerplatz mit seinen Schlangenbeschwörern, Feuerschluckern und Märchenerzählern bringt jeden zum Staunen. (S. 38)

❷ ★★ Medersa Ben Youssef
Die schönste Koranschule von ganz Marokko! Wer hier eintritt, taucht tief ein in die Großartigkeit islamischer Baukunst des Maghreb. (S. 88)

❸ ★★ Jardin Majorelle
Das Blau, das im Jardin Majorelle vorherrscht, leuchtet auch im stärksten Regen und ist von einer so magischen Intensität, dass man darin eintauchen könnte. (S. 112)

❹ ★★ Palais de la Bahia
Der große Palast aus dem 19. Jh. vereint alle Elemente der islamischen Baukunst: Ornamente, Springbrunnen, Lichtschächte und Innenhöfe mit Bäumen. (S. 60)

❺ ★★ Souks
In den überdachten Einkaufsstraßen des Basars ist jedes einzelne Geschäft eine kleine Schatzkammer, die scheinbar von Aladin persönlich geschaffen wurde. (S. 40)

❻ ★★ Tombeaux Saâdiens
Das absolute Highlight des wunderschönen und ursprünglichen Kasbah-Viertels ist die ehrwürdige Grabanlage der Saadier – ein Beispiel für die großartige Baukunst des 17. Jh. (S. 62)

❼ ★★ Mosquée de la Koutoubia
Das beeindruckende und berühmte Minarett der ersten Moschee Marrakechs ist das religiöse und architektonische Zentrum der Stadt. (S. 42)

❽ ★★ La Mamounia
In diesem legendären Art-déco-Hotel logieren Stars und Könige. Als solche kann man sich auch bei einem Kurzbesuch fühlen, z. B. in einem der Restaurants oder im eleganten Spa. (S. 64)

❾ ★★ Musée de Marrakech
Der Palast aus dem 19. Jh. ist ein Paradebeispiel maurischer Baukunst und begeistert jeden Besucher, auch durch seine tollen Wechselausstellungen. (S. 90)

❿ ★★ Musée Yves Saint Laurent
Das größte und modernste Museum in Marrakech zeigt die einzigartige Verbindung des berühmten französischen Modemachers zur roten Stadt, deren Farben seine Kollektionen und Kunstwerke maßgeblich beeinflussten. (S. 114)

Ein Gefühl für Marrakech bekommen …

Erleben, was die Stadt ausmacht, ihr einzigartiges Flair spüren. Sich vom schnellen Pulsschlag der alten Königsstadt begeistern lassen.

Thé à la menthe

Kein Marrakech-Besuch ist vollständig ohne eine Verkostung des marokkanischen Thé à la menthe. Wer zu dem süßen Genuss auch noch ein märchenhaftes Ambiente sucht, einen Palast mit feinst gearbeitetem Stuck, mit Holz und Zellij, der sollte seinen Tee unbedingt im Literaturcafé Dar Cherifa trinken, umrahmt von Wechselausstellungen und begleitet von Konzerten.

Abendessen auf dem Djemaa el Fna

Die Essensstände, die allabendlich unter dem Sternenzelt aufgebaut werden (S. 38), sind der Inbegriff von Marrakechs Lebendigkeit. Umgeben von Akrobaten, Schlangenbeschwörern und Geschichtenerzählern genießt man einfache Speisen wie gebratenen Fisch mit Pommes frites oder Exotisches wie Hammelkopf und Schneckensuppe. Lassen Sie sich das keinesfalls entgehen!

Storchengeklapper am Palais el Badii

Groß ist er, beeindruckend und nahezu leer: der El-Badii-Palast (S. 66). Der Besuch des Palastes ist dennoch ein absolutes Highlight. Sich in den Schatten zu setzen, oder auf eine der umliegenden Dachterrassen in ein Café, dabei auf die Palastmauern zu schauen und dem Klappern von Hunderten Störchen zu lauschen, ist ein Genuss, der vor allem kurz vor Sonnenuntergang einzigartig ist!

Feilschen erwünscht

Schlendern, feilschen, kaufen: So gehört sich das in einem anständigen Souk. Aber auf dem Flohmarkt am Bab el Khemis (S. 96) ist alles noch einen Tick intensiver. Hier gibt es nichts, was es nicht gibt! Schon morgens kommen die Händler aus allen Himmelsrichtungen, bauen ihre Stände auf und versuchen, sich mit Reparaturen oder

Minztee aus der bauchigen Silberkanne gehört zum marokkanischen Lebensgefühl.

Romantische Abendstimmung in der Stadt der Farbenmagie

Das hat Stil: Marokkanisches Design in einem der zahlreichen Riads von Marrekech

Gebrauchtwaren ein bisschen etwas zu ihrem Lebensunterhalt zu verdienen. Die Käufer – meist Europäer – sind auf der Suche nach der ein oder anderen wertvollen Antiquität, die man neben vielen charmanten, aber weniger wertvollen Flohmarktartikeln mitunter mit sehr viel Glück ergattern kann. Handeln macht Spaß und gehört hier auf jeden Fall zum Geschäft dazu!

Hippes Marokko

Während sich im Souk el Khemis die Ärmsten der Stadt treffen, kommen im Stadtteil Hivernage (S. 117) vor allem die oberen Zehntausend auf ihre Kosten. Hier reihen sich In-Locations, Klubs, Bars und hippe Dach-Lounges aneinander. Wer einmal in Nordafrika Thai essen möchte, sollte es in einem der schicken Restaurants tun, z. B. im schönen Palais Jad Mahal (S. 123). Doch oft zählt nicht das Sein, sondern nur der Schein – nämlich der Geldschein.

Schwitzen mit Stil

Wenn es in Marokko den Inbegriff von Wellness gibt, dann im Spa des Hotel La Mamounia (S. 64). Ein Traum aus 1001 Nacht wird wahr, wenn man das Hammam betritt. Ein türkisfarbenes Becken, rings herum orientalische Laternen in einem eigenen kleinen Palast, Alkoven, wohin man schaut, und große bequeme Ruhesessel mit Blick nach draußen in den alten, gepflegten Garten – stilvoller und entspannender kann man wohl kaum den Luxus eines so edlen Dampfbades erleben.

Grüner Cyber Park

Der Cyber Park (S. 100) zwischen Neu- und Altstadt ist aus verschiedenen Gründen ein ganz besonderer Ort. Zum einen ist es eine herrliche Grünanlage an der historischen Stadtmauer von Marrakech, zum anderen hat man hier überall – wirklich überall – eine kostenlose WLAN-Verbindung, sodass man mit Smartphone oder Tablet surfen kann.

Wohnen wie ein Pascha

Wer träumt nicht davon, einmal in einem orientalischen Palast zu nächtigen? In Marrakech kann dieser Traum wahr werden. Mehr als 1000 Riads (alte Stadtpaläste) wurden renoviert und zu kleinen Gästehäusern umgebaut. Die meisten Riads sind im orientalischen Stil eingerichtet und gestaltet. Viele haben einen Innenhof, oft mit Wasserbassin oder einem Springbrunnen.
Wer hier eincheckt, wähnt sich augenblicklich in einer anderen Welt – abseits von Lärm und Alltag.
Dazu kommt die zugewandte und individuelle Betreuung durch die Gastgeber. Lassen Sie sich umfangen vom Zauber eines der zauberhaften Stadtpaläste, z. B. im Riad Enija (S. 101).

Die alte rote Stadt vor den schneebedeckten, weißen Gipfeln des Hohen Atlas

Das Magazin

Marrakech hat Magie. Eine Märchenstadt, die mit Licht und Farben spielt.

Seite 12–29

Marrakech als Inspiration

Wenn Sie Ihren Fuß zum ersten Mal in Marrakechs Medina setzen, spüren Sie: Von Marrakech geht eine Faszination aus, der Sie sich nicht entziehen können. Das geht nicht nur Ihnen so! Viele Kunstschaffende und Autoren aus aller Welt kommen in die rote Berbermetropole. Sie lassen sich von den leuchtenden Farben und dem quirligen Leben in der nordafrikanischen Stadt anregen.

Sollten Sie *Die Stimmen von Marrakech* noch nicht gelesen haben, wird es spätestens jetzt, kurz vor Ihrer Marrakech-Reise, allerhöchste Zeit. Elias Canetti schrieb sein zauberhaftes Stadtporträt 1954, und bis heute hat es nichts an Aktualität verloren. Mit Blick fürs Detail zeichnet der Autor ein atmosphärisches Bild der Stadt und ihrer Bewohner. Peter Mayne schildert in seinem Buch *Ein Jahr in Marrakech* (1989) die maurische Lebenswelt der Menschen in der orientalischen Großstadt. Vor allem das Licht, aber auch die Farben der Häuser, das quirlige Gewusel in den Gässchen und die bunten Farben der Souks ziehen seit Jahrzehnten unzählige Künstler an. Sir Winston Churchill liebte es, nach Marrakech zu reisen – die Stadt inspirierte ihn zum Malen. Etwa zur gleichen Zeit erreichte der französische Maler Jacques Majorelle die Berberstadt, erwarb ein Grundstück und ließ dort einen Garten pflanzen, den heutigen Jardin Majorelle. Auch ihn zogen die Farben und die Architektur magisch an. Ebenso ging es dem deutschen Maler Hans Werner Geerdts, der bis zu

Tänzer auf dem Djemaa el Fna

Nachts ist der Djemaa el Fna eine einzige große Freiluftbühne mit einer spektakulären Stimmung.

seinem Tod 2013 mitten in der Medina lebte und das lebhafte Treiben auf dem Platz Djemaa el Fna szenisch in seinen Bildern festhielt.

Modemacher und Designer

In Marrakech habe er Farben entdeckt, sagte Yves Saint Laurent über die Stadt, die sein Schaffen auf so vielfältige Weise prägte. Seine Kreationen waren stark von den Eindrücken beeinflusst, die er in den Straßen der Medina sammelte. Er war so begeistert vom Flair dieser Stadt, dass er sich in den 1960er-Jahren hier niederließ und testamentarisch verfügte, dass seine Asche im Jardin Majorelle (den er 1980 kaufte und zu seinem Garten umgestaltete) verstreut werden solle.
Seit 2008 befindet sich dort seine letzte Ruhestätte. Das neue Museum Yves Saint Laurent (S. 114) zeigt das beeindruckende Werk des Modemachers. Viele Designer sind inzwischen seinem Beispiel gefolgt und lassen sich von der bunten Metropole inspirieren. Jean Paul Gaultier lebt zeitweise in der Stadt, aber auch viele marokkanische Designer und Künstler arbeiten inzwischen in Marrakech.
Marrakech inspiriert aber auch Architekten und Möbeldesigner. Schon in den 1960er-Jahren waren Riads (S. 28) und die klassisch-marokkanischen Möbel Ideengeber für Designs – und bis heute hat sich daran nichts geändert. So findet man im Industrieviertel Sidi Ghanem inzwischen riesige Designerläden. Dort kaufen Raumgestalter und Innenarchitekten aus aller Welt ein und holen sich Ideen für eigene Kreationen.

Angriff auf alle Sinne

Marrakech gehört neben New York, Dubai und Hongkong zu den internationalen Shopping-Mekkas. Schnäppchenjäger kommen in Scharen, um Antiquitäten oder schicke Accessoires im Hippie-Look zu ergattern, während Modedesigner und Innenarchitekten einfliegen, um die Straßen der Medina nach neuen Ideen zu durchforsten.

Marrakech entstand im 11. Jh. aus einem Marktflecken in der Wüste. Schon bald entwickelte es sich zur Hauptstadt des Königreichs der Almoraviden-Dynastie, das sich von Spanien bis hin zum heutigen Senegal nach Westafrika erstreckte. Hier in Marrakech, zwischen der Wüste und dem Gebirge, trafen sich die Karawanenrouten des Transsaharahandels und aus Timbuktu. Mit ihren Kamelen transportierten die Händler ihre Güter wie Gold, Salz und auch Sklaven, um sie auf den großen Märkten zu verkaufen und einzutauschen.

Trubel im Souk

In den Souks der Medina (S. 40) finden Sie unzählige Geschäfte mit offener Ladenfront. In jedem einzelnen wartet eine Schatzkammer mit traditionellem Kunsthandwerk, wie Lampen, Schmuck, exquisiten Teppichen oder edlen Stoffen. Die Kunsthandwerker stellen filigranen Silberschmuck, Möbel, dekorative Objekte aus Holz und hübsche Laternen aus Blech her. Auch wenn der Souk heute ganz auf Touristen eingestellt ist: Das alte System hat sich zumindest in Teilen erhalten können. Klar gibt es heute, vor allem im Eingangsbereich und entlang der Haupt-Souk-Straßen, ein wildes Gemisch aus Souvenirhändlern, doch der orientalische Markt ist bis heute nach Gewerben eingeteilt.

Feilschen um den Preis

Die Einheimischen kaufen mehrmals pro Woche frische Lebensmittel auf den Gemüsemärkten der einzelnen Viertel, so etwa auf dem Mellah-Markt in der südlichen Medina (S. 71). Dabei prüfen sie

Im Souk gibt es nichts, was es nicht gibt: Geflochtene Körbe, bunte Teppiche und vieles mehr findet man auf der Rahba Kedima.

penibel die Qualität der Ware und feilschen zäh um den Preis. Als herrlicher Flohmarkt entpuppt sich der Souk am Bab el Khemis (S. 96), der besonders am Donnerstagmorgen seinen Reiz entfaltet.

Und noch ein Tipp: Wenn Sie eine Fahrt zum Pass Tizi N'Tichka (S. 132) planen, passen Sie den Markttag der Berber in Aït Ourir ab (jeweils am Dienstag und Samstag).

Ein Haus in Marrakech?

Viele Europäer kauften historische Riads in der Medina und verwandelten sie in schicke Wohnhäuser oder Hotels. Innerhalb weniger Jahre stiegen die Preise um das 100-fache. Jetzt stehen einige Hotels und Häuser in der Medina wieder zum Verkauf. Denn viele Ausländer ziehen aus der Stadt in ruhigere Orte, etwa an der Küste. Das hat jedoch nichts an den unerschwinglich hohen Immobilienpreisen geändert.

König Mohammed VI.

Auf seinen Schultern ruhen die Hoffnungen vieler Marokkaner. Handel und Tourismus haben in seiner Ära Aufwind erhalten, sein oberstes Ziel ist die Bekämpfung der Armut. Doch der Preis des Fortschritts wird auch kritisch beäugt.

Die 38 Jahre währende Herrschaft von König Hassan II. war von Verschwendungssucht und gewaltsamer Unterdrückung der Opposition geprägt. Mit seinem Tod begann 1999 eine neue Ära in der marokkanischen Monarchie. Mohammed Ben Al-Hassan, kurz Mohammed VI., bestieg den Thron im Alter von 36 Jahren.

In der ganzen Stadt

Zwar lebt König Mohammed VI. in der Hauptstadt Rabat, doch besucht er regelmäßig Marrakech und die anderen Königsstädte des Landes. Er ist der mächtigste Mann im Lande und besitzt nicht nur den Großteil an Grund und Boden, sondern auch große Popularität beim Volk.
Fotos des fortschrittlich gesinnten Königs und seiner Frau Lalla Salma verzieren Taxis, Geschäfte, Restaurants und viele andere öffentliche Räume. Schon kurz nach der Thronbesteigung machte König Mohammed VI. deutlich, was seiner Meinung nach die Probleme Marokkos sind: jahrzehntelanger Investitionsstau, Arbeitslosigkeit, Trockenheit, Analphabetismus und die Armut der Bevölkerung.

König Mohammed VI. tritt für die Einhaltung der Menschenrechte ein und öffnet sein Land wirtschaftlich.

Monarch mit Weitblick

Während der Regierungszeit von Hassan II. »verschwanden«

König Mohammed VI. unternimmt zahlreiche Schritte, um die Lebensqualität seines Volkes zu verbessern. Vor allem das Thema Bildung und die Alphabetisierung der Bevölkerung liegen ihm am Herzen.

Tausende in geheimen Gefangenenlagern und wurden gefoltert. König Mohammed VI. gründete die Instance Equité et Réconciliation (IER) zur Aufklärung der Menschenrechtsverletzungen aus jener Zeit. Und auch sonst hat er viel gewagt. Er hat die Rechte der Frauen gestärkt und nicht nur dann Volksnähe demonstriert, wenn er seine Rechnung im Hotel La Mamounia persönlich bezahlte. Nichtsdestotrotz kommt es auch in Marokko immer wieder zu Protesten und zum Teil gewaltsamen Demonstrationen. Kritisiert werden dabei vor allem die Übermacht des Polizeiapparates, aber auch die dominante Stellung des Königs. Nach Reformen im Jahr 2011 kam es 2017 zu weiteren politischen Veränderungen. Der König entließ den Ministerpräsidenten sowie 18 Politiker, darunter einige Minister, wegen Korruption.
Das Land ist im Aufbruch – und marschiert dabei in eine demokratische Richtung. Das spürt man, wohin man schaut.

Ein königliches Hotel

Das Hotel Royal Mansour gehört dem König. Es liegt auf einem 3,5 ha großen Gelände innerhalb der Stadtmauern und ist eine elegante Komposition aus traditionellen Riads, herrlichen Gärten und einem großartigen Spa. Es steht beispielhaft für die marokkanische Gastfreundschaft und Handwerkskunst (www.royalmansour.com).

Die Berber

Die ursprünglichen Einwohner Marokkos (seit 3000 v. Chr.) sind die Berber. Einige von ihnen haben helle Haut, blaue Augen und blondes Haar. Länger als ein Jahrtausend war ihr Bild bestimmt von fantasievollen Geschichten über wilde Nomaden. Ihre wahre Geschichte ist allerdings noch viel faszinierender.

Schon die Bezeichnung Berber, die sich vom römischen Wort für »Barbar« ableitet, ist irreführend. Sie hat nichts mit diesem freundlichen Bergvolk gemeinsam, dessen reiche Kultur und freigiebige Gastfreundschaft die Besucher Marokkos stets beeindruckt. Die freiheitsliebenden Menschen nennen sich selbst Imazighen (»Freie«) und stellen die autochthone Bevölkerung Nordafrikas dar. Rund 60 Prozent der 30 Mio. Einwohner Marokkos stammen von Berbern ab. Und so ist Tamazight, die Gesamtheit mehrerer Berbersprachen und -dialekte, neben Arabisch die Amtssprache Marokkos; daneben gilt Französisch offiziell als Geschäfts- und Bildungssprache. Das Tamazight hat eine eigene Schrift, die man häufig nebem den arabisch geschriebenen Bezeichnungen auf offiziellen Schildern findet.

Die Geschichte der Berber

Bis zum 11. Jh. lebten Berber nur in Stämmen. Sie waren ausschließlich lokal organisiert. Mit der Etablierung der beiden Berber-Dynastien der Almoraviden und Almohaden (11. – 13. Jh.) änderte sich das jedoch. Karawanenrouten festigten sich unter ihrer Herrschaft, und sie bauten ein überregionales Geflecht an Beziehungen auf, das bis heute besteht. Die meisten Berber leben als Bauern in den ländlichen Gebieten des Atlas oder arbeiten im Tourismus.

Lebendige Traditionen

Obwohl die Berber oft in unwirtlichen Gegenden mit schlechter Infrastruktur, medizinischer Versorgung oder Wassermangel leben, beharrt dieses Volk auf seiner traditionellen Lebensart. Die Stämme haben ein reiches

architektonisches und kulturelles Erbe, das in Festen und Feiern in den Bergen seinen Ausdruck findet und in einigen Museen, besonders im Dar Tiskiwin (S. 69), dokumentiert ist. Sehenswert ist das kleine Ecomusée Berbère im Ourika-Tal (S. 135).

Die Berber leben heute noch ihre althergebrachten Bekleidungs- und Musiktraditionen.

Der Pascha von Marrakech

Sex, Drugs and Rock 'n' Roll – das sind keine Erfindungen der 1970er-Jahre! Thami El Glaoui, der legendäre Pascha von Marrakech, verstand es, ausgiebig zu feiern. Die Franzosen hatten ihn 1912, als sie Marokko als Protektoratsmacht übernahmen, als Vize-König im südlichen Marokko eingesetzt. Ihr Ziel war es, Sultan Mohammed V. zu schwächen und mit El Glaoui einen treuen Verbündeten zu gewinnen. Doch der Deal ging nur zum Teil auf: Thami El Glaoui verstand es, Franzosen und den Sultan gegeneinander auszuspielen. Er galt zu seiner Zeit als einer der reichsten und mächtigsten Männer Marokkos.

Land Gottes

Der Name Marrakech kommt möglicherweise aus der Sprache der Berber. Mur(n)akuch bedeutet »Land Gottes«. In Marrakech, wie in ganz Marokko, spielt der Islam im täglichen Leben eine zentrale Rolle. Das Minarett der Koutoubia-Moschee (S. 42), von dem fünfmal täglich der Muezzin die Gläubigen über die Dächer hinweg zum Gebet ruft, dominiert die »Skyline« der Medina.

Im Islam gibt es keinen Gott außer Allah, der einzig und allmächtig ist. Allein sein Werk ist unfehlbar. So sind die Innenräume prachtvoller königlicher Paläste wie des El Badii (S. 66) zwar mit erlesenen Fliesen dekoriert, doch fügten die Kunsthandwerker absichtlich kleine Fehler ein, um nicht mit der Unfehlbarkeit Allahs zu konkurrieren. Der Islam lehnt die Bildverehrung ab, daher gibt es in Moscheen keine Bilder von Allah, Mohammed, Menschen oder von Tieren. Stattdessen werden florale Motive, geometrische Muster und Kalligrafien verwendet. Einst war in Marrakech die größte jüdische Gemeinde innerhalb der arabischen Welt beheimatet und in jeder Straße der Mellah, dem alten jüdischen Viertel (S. 70), stand eine Synagoge.

Tabus

Anders als in Ägypten und der Türkei dürfen Nicht-Muslime religiöse Gebäude in Marokko zumeist nicht betreten. Achten Sie darauf, sich angemessen zu kleiden, also Schultern und Knie bedeckt, und Körperkontakt in der Öffentlichkeit zu vermeiden. Während des Ramadans sollten Sie nicht bei Tageslicht essen, trinken oder rauchen.

Die teilweise zerstörte Moschee Tin Mal ist auch für Nicht-Muslime zugänglich.

Die beeindruckende Koutoubia-Moschee wurde im traditionellen Stil der Almohaden erbaut.

Mehr Rechte für Frauen

Es begann 2006 mit der Weihe von 50 weiblichen Mourchidats, die Koranunterricht für Frauen geben. Der König hat erkannt, dass extremistische Ideen vor allem bei Menschen mit geringer Bildung fruchten und dass zwei Drittel der Marokkanerinnen nicht lesen können. Die Predigerinnen vertreten einen gemäßigten Islam und holen die Frauen aus ihrer gesellschaftlichen Isolation. Weitere Reformen der Scharia stellen Frauen in der Ehe gleich und geben ihnen das Recht auf Scheidung.

Einführung in den Islam

Allahu akbar – Gott ist groß! Fünfmal täglich und sieben Tage in der Woche ertönt dieser Ruf, damit sich die gläubigen Muslime zum Gebet in der Moschee einfinden. Die ohrenbetäubende Übertragung von allen Minaretten Marrakechs hört man auch im entlegensten Winkel der Stadt. Denn kein Gläubiger darf die Gebetszeiten verpassen, die beginnen, sobald der Ruf verklungen ist. Solidarität und Gleichberechtigung sind tragende Elemente des Islam. Vor Gott sind alle Menschen gleich und so ist jeder Gläubige verpflichtet, den Armen zu helfen. Glückspiel, Alkohol und Schweinefleisch sind verboten. Im Ramadan müssen Muslime fasten, eine Pilgerreise unternehmen und einmal im Leben das Glaubensbekenntnis gesprochen haben.

Das duftet einfach köstlich!

Marokkanische Gerichte gehören zum Besten, was die nordafrikanische Küche zu bieten hat. Eine junge Generation von Chefköchen bereichert Marrakech auf Haute-Cuisine-Niveau.

Zeit ist die wichtigste Zutat für traditionelle marokkanische Speisen, die oft nach jahrhundertealten Rezepten zubereitet werden. Volle, abgerundete Aromen entstehen durch langsames Garen. Und auch beim Essen besteht keine Eile, ein echtes marokkanisches Gastmahl zieht sich nicht selten über mehrere Stunden.

Kulinarische Besonderheiten

Die Speisen spiegeln die wechselnden kulturellen Einflüsse in Marokko wider. Die französische Kolonialzeit lässt sich noch aus einigen raffinierten Gerichten herausschmecken. Dagegen entstammen Couscous, Tajine (verschiedene Eintopfgerichte, die im gleichnamigen traditionellen Tongefäß zubereitet werden) und Harira (pikante Kichererbsen, Lamm und Tomatensuppe) der Tradition der Berber. Die Nomaden brachten Datteln, Milch und Brot, aus Andalusien kamen Zitronen, Oliven und Olivenöl. Aus dem Osten führten die Araber Safran, Koriander, Kreuzkümmel und Paprika nach Marokko ein. Marokkaner lieben Süßes, vor allem ihr traditionelles Backwerk mit Mandeln und Honig, das oft mit Orangenblüten oder Rosenwasser aromatisiert und als Dessert als Abschluss eines Mahls serviert wird.

Whisky der Muslime

Den Minztee (Thé à la menthe), der überall im Land serviert wird, nennen die Marokkaner augenzwinkernd »Whiskey Marocaine« (marokkanischer Whisky). Der Genuss von alkoholischen Getränken ist in Sichtweite einer Moschee zwar verboten, in der Neustadt finden sich aber Bars, in denen alkoholhaltige Getränke ausgeschenkt werden. Wenn Sie des Tees überdrüssig sind, versuchen Sie es mit einem frisch gepressten Orangensaft.

Gewürze für Zuhause

Bringen Sie aus Ihrem Urlaub die beliebtesten Gewürze Marokkos mit in die heimische Küche:
Sattroten Safran als dezentes Gewürz mit kräftiger Farbwirkung.
Süßes Rosenwasser und Orangenblütenwaser, um den Gerichten eine blumige, duftige Note zu verleihen.
Frische Minze für Tee und Salate.
Für die Zubereitung einer Tajine brauchen Sie eingelegte Zitronen.
Gemahlener Kreuzkümmel (Kamun), ein intensives Gewürz, ist für viele marokkanische Lamm- und Huhngerichte unentbehrlich.
Probieren Sie Kurkuma. Die »Gelbwurz« ist das wichtigste Gewürz für die Harira-Suppe, eine abendliche Fastenspeise während des Ramadans.
Ingwer wärmt und verleiht Suppen und Eintöpfen das gewisse Etwas.
Anis- und Sesamsamen passen gut zu Brot, Gebäck und Desserts.

Frisches Gemüse, Früchte, Kräuter und Gewürze - das duftet! An Imbissständen werden einfache, aber schmackhafte Gerichte angeboten.

Die Kunstszene blüht

Die Künstler wecken international Interesse und verkaufen ihre Werke zu lukrativen Preisen. Galerien schießen wie Pilze aus dem Boden, Kunstfestivals gedeihen und zur Musik aus marokkanischen Studios tanzt das Partyvolk in Nachtclubs auf der ganzen Welt.

Im Garten des Hotel Villa Dar Sabra werden Skulpturen zeitgenössischer marokkanischer Künstler ausgestellt.

Marokkanische Künstler haben ihre eigene unverkennbare Identität, drücken aus, was sie in ihrem Land und in ihrem Umfeld inspiriert, wenden sich aber auch regionalen und globalen Themen zu. So kreiert der Fotograf und Designer Hassan Hajjaj (https://www.facebook.com/hassanhajjajart/), der in London und Marrakech lebt, eine Popart-Vision von Marrakech. Das Hauptthema seiner hellen Fotografien sind die Farbblöcke der Medina, Marrakchi-Mädchen in bedruckten Djellabas (häufig Werke Hassans) und die Verpackungen von Alltagsgegenständen im Laden an der Ecke.

Ein anderer Star der Kunstszene, Larbi Cherkaoui (www.larbicherkaoui.com), nutzt die Kunstform der Kalligrafie, befreit dabei aber die arabischen Buchstaben aus ihrer wörtlichen Bedeutung und verleiht ihnen einen universelleren Sinn. Bekannter, aber ebenfalls von der

Der marokkanische Künstler Mohamed Mourabati, der sich hinter einem seiner Kunstwerke versteckt.

Moulay Youssef Elkahfai zählt mit seinen Werken zu den renommierten modernen Künstlern Marrakechs.

arabischen Kalligrafie inspiriert, ist die Grafikerin und Malerin Malika Aqueznay, die führende zeitgenössische Künstlerin Marokkos. Marrakechs Galerien im Stadtteil Guéliz (S. 116) sind up-to-date in erstklassiger moderner Kunst. Ausgestellt werden Objekte, Gemälde und Fotografien.

Kunstfestival

Nordafrikas größtes Kunstfestival, die Marrakech Biennale, fand zum ersten Mal 2005 in Marrakech statt und konnte sich seither wachsender Beliebtheit erfreuen. Ihre Schwerpunkte waren bisher moderne Kunst, Film und Literatur. Internationale Künstler aus dem afrikanischen Raum und aus der arabischen Welt konnten ihre Werke vorstellen. Wegen fehlender Sponsorengelder ist die Zukunft des Festivals ungewiss.

Musik

Am häufigsten hört man auf dem Djemaa el Fna das Spiel der Gnaoua-Musiker. Der beliebte DJ Zitroz und sein Freund Philippe Lauro-Baranès waren fasziniert von diesem traditionellen Beat und komponierten von der Gnaoua inspirierte Musik, die in Clubs weltweit gespielt wird (www.kamarstudios.com).

Galerien in Marrakech

Matisse Art Gallery (No. 43 passage Ghandouri, 61, Rue de Yougoslavie, Guéliz, Tel. 0524 44 83 26; www.matisseart gallery.com). Hier werden Werke marokkanischer Künstler wie Hassan Hajjaj und Larbi Cherkaoui gezeigt.

Galerie David Bloch (8 bis rue des Vieux Marrakchis, Guéliz, Tel. 0524 45 75 95; www.david-blochgallery.com). Die außergewöhnliche Galerie stellt Werke marokkanischer wie internationaler Künstler aus.

Galerie Rê (Résidence Al Andalous III, Ecke rue de la Mosquée/Ibn Toumert, Tel. 0524 43 22 58; www.galeriere.com). Die Galerie wurde vom Hatschepsut-Tempel im ägyptischen Luxor inspiriert.

Wohnkultur aus 1001 Nacht

In Marrakech wurden mehr als 1000 Stadtpalais, sogenannte Riads, zu Gästehäusern umgebaut. Wer hier übernachtet, fühlt sich in ein orientalisches Märchen versetzt.

Wer durch die Gassen der Medina von Marrakech schlendert, kann sich nicht unbedingt vorstellen, dass sich hinter vielen der unscheinbaren Außenfassaden kleine Paradiese verbergen. Denn die wenigsten Riads kann man von außen als solche erkennen. Mit einem Schritt verlässt man die Hektik, den Lärm und den Staub der Medina und findet sich wieder in einer grünen Oase, in der nur sanftes Wassergeplätscher die himmlische Ruhe stört.

Haus mit Garten

Der arabische Begriff »Riad« bedeutet ursprünglich »Garten«. Damit ist der Innenhof gemeint, der immer begrünt ist. Nicht selten findet sich hier auch ein Brunnen oder ein kleines Wasserbassin. Um diesen Innenhof herum gruppieren sich Alkoven und Zimmer, die auf zwei oder drei Etagen liegen. Authentischer und schöner kann man fast nicht mehr wohnen. Die Häuser haben selten mehr als fünf oder sechs Zimmer. Man trifft sich im Innenhof und auf der Dachterrasse, kommt ins Gespräch, tauscht Tipps und Erfahrungen aus. Doch auch dies sollte man wissen: Wirklich ganz allein sind Sie in einem Riad nie, hört man einander doch sehr gut. Als Gast genießen Sie eine individuelle und herzliche Betreuung. Empfangen werden Sie persönlich an der Tür oder gleich am Stadttor (oft sind Riads im Gassengewirr der Medina schwer zu finden). Morgens wird gemeinsam entschieden, was abends auf den Tisch kommt.

Wohnen wie ein Pascha

Riads gibt es in fast allen Preisklassen. Es gibt ganz einfache, elegante, minimalistische, orientalisch überladene, moderne, traditionelle, gut geführte und weniger gut geführte. Viele der Riads in Marrakech gehören Ausländern. Das bringt Vorteile mit sich, denn dank der ausländischen Investitionen wurde die Infrastruktur in der

Viele Zimmer grenzen direkt an den Innenhof, den meist ein Wasserbassin oder ein Springbrunnen ziert. In dieser grünen Oase erholt man sich von der Hitze des Sommers und der Hektik in der Medina.

Medina deutlich verbessert. Viele der alten Häuser, die zuvor dem Verfall preisgegeben waren, konnten auf diese Weise bewahrt werden. Und die Bilanz ist positiv: Die Riads von Marrakech locken jährlich Tausende von Touristen ins Land, von denen letzten Endes alle profitieren. Und der Gast? Ist glücklich, so wundervoll wohnen zu können.

Auf dem Rahba Kedima, auch bekannt als Place des Épices (Gewürzmarkt), in der inneren Medina gibt es Souvenirs ohne Ende.

Innere Medina

In der inneren Medina schlägt das Herz der Stadt im Rhythmus der traditionellen Gnaoua-Musik.

Seite 30–51

Erste Orientierung

Sie werden es sofort merken: Der Djemaa el Fna mit seinem verwinkelten Grundriss ist die pulsierende Mitte der Medina. Er ist so alt wie die Stadt selbst und heute Markt- und Rummelplatz der Marrakchis.

Der Platz und seine unmittelbare Umgebung bilden die Innere Medina. Im Süden reicht sie bis zur Koutoubia-Moschee, im Norden verliert sie sich in den Gassen der Souks. Menschen leben hier auf engstem Raum, Marktstände stehen dicht an dicht und sind rund um die Uhr von Besuchern bevölkert.

Ein Fest für die Sinne

Abends herrscht besonders viel Trubel auf dem Djemaa el Fna. Dann verwandelt er sich mit seinen Hunderten von Essensständen in eine Art riesiges Open-Air-Restaurant.

Touristen und Einheimische kommen an den Ort, an dem uralte Geschichten erzählt werden und die Musik der Berber und anderer Gruppen erklingt, an dem Akrobaten ihr Können zeigen, Wahrsager in die Zukunft blicken und Wunderdoktoren allerlei Kräuter, geheime Salben und Amulette verkaufen.

TOP 10

❶ ★★ Djemaa El Fna

❺ ★★ Souks

❼ ★★ Koutoubia

Nicht verpassen!

⓫ Mouassine

Nach Lust und Laune!

12 Koubba de Lalla Zohra

13 Place Bab Fteuh

14 Place Rahba Kedima

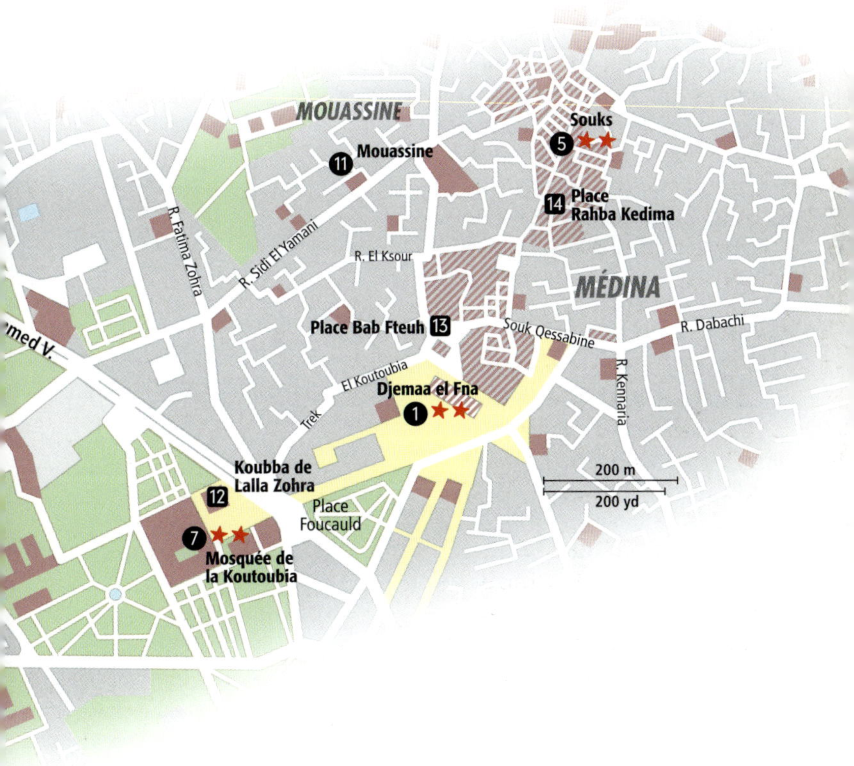

Mein Tag ...
im Herzen von Marrakech

Es ist früh am Morgen. Die Luft ist noch kühl, die Vögel singen und am Horizont leuchtet der schneebedeckte Atlas. Der Muezzin ruft zum Morgengebet, und die Geräusche der erwachenden Stadt machen Sie neugierig. Sie möchten endlich die alte marokkanische Königsstadt erobern. Also los! Denn nirgendwo ist Marrakech so sehr Marrakech wie in der Altstadt!

9.30 Uhr: Auf ins Gewühl!
Je früher Sie in die Souks gehen, desto günstiger sind die Preise! In Marokko glaubt man, dass der erste Käufer des Tages Glück bringt. Und so starten Sie Ihren Tag am ❶ ★★ Djemaa el Fna. Am besten, Sie gehen links vom Café Argana in die kleine Straße, denn so kommen Sie zum 13 Place Bab Fteuh, einem kleinen Zentrum für Antiquitäten. Wagen Sie sich ruhig auch in die Hinterhöfe – dort findet sich mancher kleine Schatz. Vom Place Bab Fteuh gelangen Sie mitten hinein in die ❺ ★★ Souks. Versuchen Sie die große Hauptgasse des Souks zu finden. Spätestens jetzt erliegen Sie dem Zauber des orientalischen Basars. Gedeckte Gassen, kleine Geschäfte mit farbenfrohen Auslagen, der Duft von Safran und vielen anderen Gewürzen – und so viel zu sehen! Suchen Sie den alten Gewürzmarkt 14 Rahba Kedima. Der kleine Marktplatz ist eine Oase der

19 Uhr: Buntes Abendspektakel

17.30 Uhr: Zeit für den Sundowner

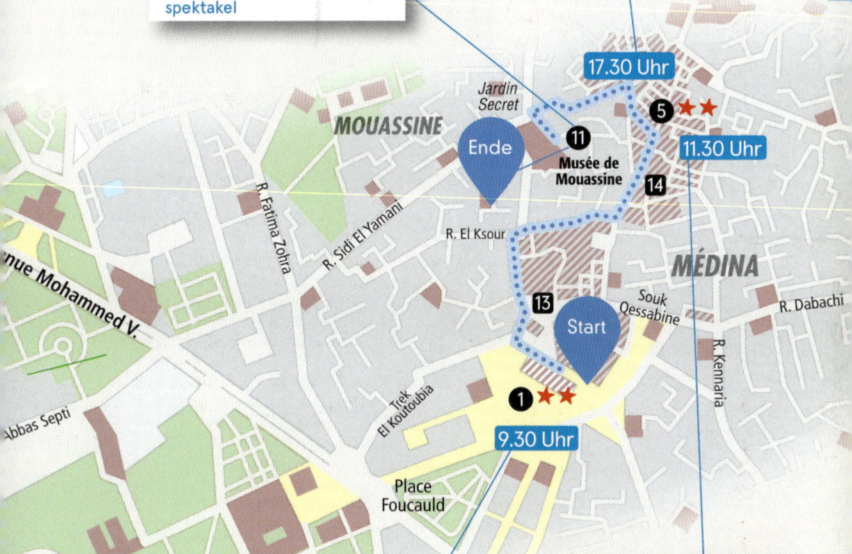

9.30 Uhr: Auf ins Gewühl!

11.30 Uhr: Im Labyrinth des Souks

Zum Einkaufen gehört das Feilschen bei einer Tasse Minztee.

Ruhe mitten im Getümmel. Hinter den Teppichen am Ende des Platzes geht es zur Criée Berbère. Jetzt ist es noch ruhig bei den Teppichhändlern, denn sie bauen erst ihre Waren auf. Wenn Sie Lust haben, kommen Sie heute Nachmittag noch einmal her, denn gegen 15.30 Uhr findet hier eine Teppichversteigerung statt. Umsehen können Sie sich aber bereits jetzt. Nehmen Sie sich Zeit, so viele farbenfrohe Muster haben Sie vielleicht noch nie gesehen!

11.30 Uhr: Im Labyrinth des Souks

Gleich um die Ecke bieten einige Cafés Getränke und kleine Snacks an. Suchen Sie sich das schönste aus, am besten eines mit Dachterrasse! Von hier beobachten Sie den Trubel auf dem Platz. Zurück im Souk lassen Sie sich durch die Gassen der Handwerker treiben. Versuchen Sie erst gar nicht, sich am Stadtplan zu orientieren. Dazu ist es hier viel zu verwinkelt. Warum auch? Sie haben Zeit und hier hat sich noch niemand wirklich verirrt. Je tiefer Sie in den Souk gelangen, desto wahrscheinlicher ist es, dass Sie irgendwann das Klopfen und Hämmern der Eisen- und Kupferschmiede hören. In den kleinen Werkstätten werden Waren für den täglichen Bedarf hergestellt. Auch wenn es hier intensiv nach schmelzendem Metall und Schweißgeräten riecht; der Rundgang durch die Gassen der Handwerker lohnt sich. Falls Sie zwischendurch Hunger

Der Djemaa el Fna von oben

bekommen: Im Souk Cherifa bietet das Restaurant Les Terrasse des Épices (S. 49) leckere Fusion-Küche, während Sie gemütlich im Schatten sitzen. (Vergessen Sie die Teppichversteigerung nicht.)

17.30 Uhr: Zeit für den Sundowner

Lust auf einen Aperitif? Es gibt zwar nicht viele Restaurants in der Medina, in denen man auch Alkohol trinken kann, doch im Viertel ⓫ Mouassine, nicht allzu weit vom Souk Cherifa entfernt, liegt das Café Arabe. Oben auf der Dachterrasse genießen Sie einen herrlichen Blick über die verwinkelten Gassen und die unzähligen Dächer der Altstadt – hinter denen am westlichen Horizont die Sonne untergeht.

19 Uhr: Buntes Abendspektakel

Ist die Sonne verschwunden, erwartet Sie im zauberhaften Musée de Mouassine (S. 44) ein Konzert. Danach heißt es: immer der Nase nach! Während Sie der Musik lauschten, wurden auf dem Djemaa el Fna die Essensstände aufgebaut. Der Duft nach gegrilltem Fleisch und würzigem Gemüse ist einfach verlockend. Und hier wird nicht nur Ihr Gaumen verwöhnt! Beim Spektakel mit Feuerschluckern und Akrobaten werden alle Sinne angesprochen.

i

Der beste Tag für diese Tour ist der Montag. Freitags sind die meisten Geschäfte im Souk geschlossen.

Musée de Mouassine mit Konzert: 50 DH

❶ ★★ Djemaa El Fna

Warum?	Hier schlägt das Herz von Marrakech
Was?	Abendessen, staunen, mit allen Sinnen wahrnehmen
Wie lange?	Mindestens eine Stunde
Wann?	Von Sonnenuntergang bis tief in die Nacht
Was noch?	Den Platz von einer der Dachterrassen der Cafés bewundern
Resümee	Eine Prise des pulsierenden Lebens

Akrobaten und Schlangenbeschwörer

Essen Sie unter tausend Sternen auf einem der faszinierendsten Nachtmärkte. Sobald die Dämmerung beginnt, gehen die Gaslaternen an und der Rauch von unzähligen Grills schwängert die Luft auf dem Djemaa el Fna. Der Platz ist ein Magnet für Touristen und Einheimische gleichermaßen, seine gelöste Stimmung schon seit Jahrhunderten ein charakteristisches Merkmal der Stadt. Nirgendwo sonst findet man Feuerschlucker und Akrobaten, Märchenerzähler und Schlangenbeschwörer, mobile Zahnärzte und Wasserverkäufer als Kulisse eines der größten Freiluftrestaurants der Welt. Kein Wunder, dass der Platz 2001 von der UNESCO

Ein Besuch des Marktes ist ein Freudenfest für alle Sinne – und den Magen.

zum Meisterwerk des mündlichen und immateriellen Erbes der Menschheit erklärt wurde.

Lassen Sie sich vom Rhythmus des Platzes mitreißen.

Freiluftarena

»Willkommen in meinem klimatisierten Restaurant mit fünf Sternen« wird man gern an den kleinen Essensständen begrüßt – doch auch wenn Sie Kellner im Livree vergeblich suchen werden, so bieten diese Garküchen tatsächlich einzigartige marokkanische Gerichte an. Hier gibt es alles, was der Gaumen begehrt: Grillfleisch, frittiertes Gemüse, köstliche Suppen oder auch einfach nur Sandwiches mit gekochtem Ei.

Beginnen Sie mit Brot und einem pikanten Tomaten-Dip. Probieren Sie Kebab mit saftigem Fleisch und Gemüse, gemischte Salate, scharfe Merguez und die hervorragenden Pommes frites. Am besten fragen Sie vorher nach dem Preis. Denn was auf den Tisch kommt, müssen Sie bezahlen, auch wenn Sie es nicht bestellt haben. Bereits tagsüber, vor allem aber abends präsentiert sich auf dem Platz ein buntes Durcheinander von Akrobaten und Gauklern, Tänzern und Musikern. Hier erleben Sie Marokko pur. Fotografieren ist nur gegen Bezahlung erlaubt. 50 DH ist ein stolzer, aber meist geforderter Preis. Ist Ihnen das zu teuer, fotografieren Sie von den Dachterrassen aus.

KLEINE PAUSE

Für den besten Blick über den Djemaa el Fna lohnt sich der Besuch des **Café Glacier** (S. 48). Abends eröffnet sich eine bunt beleuchtete Freilichtbühne für die Gäste.

---

i

176 B/C4 ✉ Djemaa el Fna

5 ★★ Souks

Warum?	An jeder Ecke eine neue Welt entdecken
Was?	Entdecken, feilschen, kaufen
Wie lange?	Mindestens ein ganzer Tag
Wann?	Tagsüber, täglich außer freitags
Was noch?	8000 Geschäfte mit Gewürzen, Lampen, Silberwaren ...
Resümee	Handeln macht Spaß, wenn man sich Zeit lässt

Eine große Schatzkammer

Im engen, dunklen Gassengewirr der Souks, der traditionellen Märkte von Marrakech, führt jeder Eingang in eine Schatzkammer voller bunter, exotischer Geheimnisse. Egal, ob Sie etwas kaufen möchten oder einfach nur die mittelalterliche Atmosphäre dieses riesigen Basars erleben wollen, Sie kommen im Gewimmel zwischen den Ständen nördlich des Djemaa el Fna garantiert auf Ihre Kosten.

Souks gibt es in ganz Marokko, die von Marrakech sind jedoch landesweit die größten. Die Souks sind die Hauptschlagader Marrakechs – einer Stadt, die aus einem Handelsposten in der Wüste entstand. Bahnen Sie sich einen Weg zwischen den Eselskarren und Mopeds durch die verstopften Straßen. Auf wenigen Metern haben Sie die Wahl zwischen mehreren Hundert dicht gedrängten Geschäften, jedes kaum größer als ein begehbarer Kleiderschrank.

Der Souk de Teintures (Färber-Souk) leuchtet in allen Farben.

Früher versorgte sich hier die einheimische Kundschaft aus der Stadt und ganz Marokko mit Waren des täglichen Bedarfs. Der Tourismus hat aber mittlerweile das Gesicht der Souks verändert. Die Händler tauschten ihr traditionelles Sortiment zunehmend gegen Souvenirs aus. Direkt am Djemaa el Fna ist die angebotene Ware daher meist überteuert. Wenn Sie sich nicht treiben lassen wollen, folgen Sie einfach der Rue Souk Semmarine, die an der Nordseite des Djemaa El Fna beginnt. Sie ist mit Ständen gesäumt, die die typischen Touristenwaren wie Babouches (traditionelle Pantoffeln), bemalte Teegläser und bunt gefärbte Lederpuffs anbieten, beherbergt aber auch traditionelle Geschäfte, z. B. für Herren-Djellabas. Sie führt direkt zum Zentrum des riesigen Marktviertels: die Kissaria, ein Netz überdachter Straßen, in denen Textilien verkauft werden. Über die Seitengassen erreichen Sie die Souks der Eisenschmiede, der Juweliere und Silberschmiede, der Händler von Lederwaren und Teppichen, von Gemüse, Geflügel und Gewürzen …

Eine reiche Auswahl an Trockenfrüchten gibt es rund um den Souk Talaa.

Feilschen will gelernt sein

Schauen Sie sich in Ruhe um und lassen Sie sich nicht anmerken, wenn Ihnen etwas gefällt – das verdirbt den Preis. Nennen Sie anfangs höchstens die Hälfte des Preises, den Sie bereit sind zu zahlen. Sie merken recht bald, wenn Sie zum richtigen Preis kommen.

KLEINE PAUSE

Im **Café des Épices** (S. 48) können Sie einen Minztee und einen hausgemachten Snack einnehmen. Oder Sie legen eine Atempause im **Café Bougainvillea** (S. 48) ein.

✈ 176 C4 ✉ Innere Medina
◷ Sa–Do 9.30–19.30 Uhr; etwa um diese Zeit öffnen die meisten Geschäfte. Freitags nur vereinzelt am Nachmittag geöffnet. Die Stände rund um den Djemaa el Fna sind bis Mitternacht geöffnet.

❼ ★★ Koutoubia

Warum?	Weil die Koutoubia als schönste Moschee Marokkos gilt
Was?	Einzigartige Architektur und drei Goldkugeln aus dem Schmuck der Sultansgattin
Wie lange?	30 min. bis mehrere Stunden
Wann?	Am besten kurz nach Sonnenaufgang, wenn die Sonne von Osten das Minarett bescheint
Was noch?	Gegenüber im Café de la Koutoubia kann man bei einem Café au lait den Anblick stundenlang genießen
Resümee	Gelebter Glaube der Marrakchis

Das höchste Gebäude der Stadt

Das berühmte Minarett der Koutoubia-Moschee ist fast von überall aus sichtbar. Es ist das höchste Bauwerk der Stadt und darf von keinem anderen Bauwerk überragt werden. Deshalb sucht man Hochhäuser vergeblich in Marrakech. Das Minarett bestimmt die Westansicht des Djemaa el Fna und diente vielen anderen Türmen in Marokko und der ganzen Welt als Vorbild. Viele Moscheen ahmen architektonische Details wie ihre Zinnen oder Keramikkacheln nach. Es ist schade, dass man als Nicht-Muslim das wichtigste Bauwerk von Marrakech nicht betreten darf. Das schönste an der Moschee sind die Minbar, die Gebetskanzel, und das Minarett. Während man die Kanzel heute im Palais El Badii (S. 66) bewundern kann, wohin man sie ausgelagert hat, kann man das Minarett auch ganz wunderbar von außen betrachten. Ins Innere des quadratischen Turms darf nur der Vorbeter, der Imam, der fünfmal am Tag zum Gebet ruft.

Das Minarett – ein Meisterwerk

Schauen Sie sich die Seiten des Minaretts an: Die zurückhaltenden Verzierungen passen zur imposanten Architektur und verbinden die schlichte Gestaltung mit großem kunsthandwerklichem Können. Vier sich nach oben verjüngende Kupfer-kugeln krönen den Turm. Einer Legende zufolge waren es einst drei Kugeln aus Gold, gefertigt aus dem Schmuck der Gemahlin des Kalifen Yakoub el Mansour, die

während des Ramadans das Fastengebot verletzt hatte. Wie jedes Minarett dient auch dieses vor allem dem Gebetsruf, arabisch Assan (adham). Doch während viele Moscheen häufig nur noch vom Band bedient werden, ist der Ruf der Koutoubia bis heute echt.

Jede Seite des quadratischen Minaretts ist anders gestaltet.

Einst und heute

Die Koutoubia-Moschee verdankt ihren Namen dem Büchermarkt (*koutoubia*), auf dem ab dem 7. Jh. religiöse Schriften im benachbarten Souk verkauft wurden. Der prachtvolle Turm entstand unter Yakoub El Mansour gegen Ende des 12. Jh. Die hübschen und gepflegten Gärten der Koutoubia laden zu einem Spaziergang um die Moschee ein.

Marrakchis wie Touristen verweilen gerne auf den schattigen Bänken inmitten von blühenden Rosenstöcken, prächtigen Orangenbäumen und fröhlichem Vogelgezwitscher und lassen sich dabei ein Eis schmecken.

KLEINE PAUSE

Genießen Sie im **Café de la Koutoubia** (S. 48) auf der anderen Seite der Avenue Mohammed V bei einem Café au Lait den Blick auf die Moschee.

---

176 A/B3
Avenue Bab Jedid
kein Zutritt für Nicht-Muslime

⓫ Mouassine

Warum?	Hier geht es ruhiger, aber nicht weniger lebendig zu als im Souk
Was?	Seitenstraßen entdecken und in Riad-Cafés chillen
Wie lange?	Mindestens zwei Stunden, mit Café-Besuch einen halben Tag
Wann?	Täglich außer Freitag
Was noch?	Abends im Musée de Mouassine ein Konzert genießen
Resümee	Kunst in Hinterhöfen

Nehmen Sie sich Zeit für einen gemütlichen Spaziergang.

Lebendige Altstadt

Mouassine ist ein eigenständiges Viertel, hat mit der Fontaine de Mouassine einen Brunnen und eine eigene Moschee. Die Souvenirläden sind edler (und entsprechend teurer), die Cafés gehobener, die Straßen etwas ruhiger. Die Rue Mouassine, die von Bab Fteuh gen Norden abgeht, ist die Lebensader des Viertels. Rechts und links zweigen kleine Gassen ab und offenbaren zauberhafte Riads und Cafés. Und werfen Sie auch mal den ein oder anderen Blick in eine der zahlreichen Werkstätten hier im Viertel.

Zu entdecken gibt es außerdem das Musée de Mouassine, ein architektonischer Schatz! Das kleine Museum ist in einem Palast aus dem 16. Jh. untergebracht und wurde aufwendig restauriert. Es gibt Wechselausstellungen und jeden Montag- und Freitagabend findet ab 19 Uhr ein 45-minütiges Konzert statt .

KLEINE PAUSE

Für ein leckeres Mittagessen internationaler oder marokkanischer Art besuchen Sie das **Café Bougainvillea.** (S. 48)

ⓘ ✣ 176 B5

Musée de Mouassine
✉ Derb El Hamman, Rue Mouassine

☎ 0524 37 77 792
🌐 museedemouassine.com
◑ tägl. 9.30–19 Uhr
➹ 30 DH, Konzert: 50 DH

Wandeln im geheimen Garten

Durchatmen! Wie ein kleiner grüner Kraftort der Ruhe liegt der stille Jardin Secret mitten in der Hektik der Altstadt. Der ehemalige Palasthof lag viele Jahre im Verborgenen. Lehnen Sie sich zurück, atmen Sie den Duft der Orangenblüten ein und lauschen Sie dem Vogelgesang. Das Wasser plätschert sanft, und Sie sind ganz plötzlich ganz weit weg ...

Rue Mouassine, Tel. 0524 39 00 40, www.lejardinsecretmarrakech.com, tägl. 9.30–19.30 Uhr, im Winter bis 17.30 Uhr, 50 DH, mit Turmbesteigung 80 DH

Nach Lust und Laune!

12 Koubba de Lalla Zohra

Im Schatten der hoch aufragenden Koutoubia (S. 42) befindet sich die *koubba* der Lalla Zohra, ein bescheidenes, mit Zinnen geschmücktes Mausoleum, das von einer Kuppel gekrönt wird. Sie ist Grabstätte für die Tochter eines religiösen Führers des 17. Jhs., die als Heilige verehrt wurde.

Der Legende nach soll sie sich nachts in eine weiße Taube verwandelt haben. Sie galt als Beschützerin der Fruchtbarkeit und der Kinder. Die Fenster und der Eingang des nicht zugänglichen Mausoleums wurden vor langer Zeit verschlossen. Halten Sie die Augen offen:

Lalla Zohra war die Tochter eines religiösen Führers im 17. Jh, ihr Grab liegt neben der Koutoubia-Moschee.

Angesichts des ständigen, dröhnenden Verkehrs auf der Avenue Mohammed V kann man das schlichte, strahlend weiße Grabmal leicht übersehen.

- 176 B3/4
- Avenue Mohammed V
- nicht öffentlich zugänglich

13 Place Bab Fteuh

Der kleine Platz Bab Fteuh, zwischen Djemaa el Fna und den Souks gelegen, ist ein Antiquitätenzentrum. Hier finden Sie ausgesuchte Waren.

Am nordwestlichen Ende des Platzes liegt der Souk Fondouk Ouarzazi: Einst überquerten Kaufleute aus Timbuktu und dem Sudan die Sahara, um in den Souks von Marrakech mit Seide, Gewürzen und Sklaven zu handeln. Sie schliefen in den oberen Etagen der Fondouks (Herbergen), im Innenhof waren ihre Pferde untergebracht.

Einige Fondouks sind über 500 Jahre alt und fallen buchstäblich auseinander, andere – so auch das Ouarzazi – wurden zu einer Art marokkanischer Luxus-Mini-Mall umgebaut, in denen u. a. Antiquitäten verkauft werden.

Neben Antiquitäten findet man am Place Bab Fteuh auch (überteuerte) Teekannenverkäufer und Souvenirhändler. Viele Läden sind preisgünstiger als im Souk. Auf dem Weg zum Djemaa el Fna dominieren

Kleiderläden mit gefakten Fußballtrikots. Handeln Sie unbedingt, denn die Preise sind häufig überteuert.

176 B4
Place Bab Fteuh
Souk Fondouk Ouarzazi: 9–21 Uhr, Fr vormittags geschl.

14 Place Rahba Kedima

Der malerische Platz nordöstlich des Djemaa el Fna ist auch als Place des Épices (Gewürzplatz) bekannt. Rund um den Platz finden Sie Stände mit bunten Gewürzen, aber auch Chamäleons, traditionelle Kosmetika und Allheilmittel gegen Beschwerden aller Art werden hier angeboten – eine wahre Augenweide, auch wenn Sie nichts kaufen wollen. In der Mitte des Platzes bieten Berberfrauen aus den Bergen selbst gestrickte Mützen, Strohkörbe und andere hübsche Souvenirs an.
An der Nordseite des Platzes erwarten Sie unzählige farbenfrohe Teppiche mit bunten Mustern. Diese markieren den Eingang zum alten Sklavenmarkt, der heute als Criée Berbère oder Teppich-Souk (S. 36) bekannt ist.

Auf dem Platz ist zu jeder Tageszeit etwas los – genehmigen Sie sich also ruhig eine Pause und beobachten Sie die geschäftige Menge bei einem Minztee im beliebten Café des Épices (S. 48).

176 C4/5
Rahba Kedima
tägl. 9–19/20 Uhr

Bunte Farbenvielfalt bei den Gewürzhändlern

Willkommene Erfrischung

Erfrischende Eiscreme und Sorbets in einer Auswahl von ca. 40 Geschmacksrichtungen gibt es in der Eisdiele Ice Legend. Oder soll es lieber etwas Gesundes sein? Dann wird Ihnen auch ein frisch gepresster Orangensaft schmecken, den es auf dem Djemaa El Fna an vielen Ständen gibt. Aber passen Sie beim Kauf auf! Manche Safthändler mischen Leitungswasser oder Eiswürfel unter den Saft. Trinken Sie ihn also nur dann, wenn Sie bei der Zubereitung zugeschaut haben.

176 B3
Avenue Bab Agnaou, Djemaa el Fna

Wohin zum ...
Essen und Trinken?

Preise für ein Hauptgericht ohne Getränke:

€	unter 170 DH
€€	170–340 DH
€€€	über 340 DH

Café Bougainvillea €/€€

Das Riad-Restaurant bietet eine große Auswahl internationaler und marokkanischer Gerichte. Sie können auf der schattigen Terrasse im Innenhof sitzen oder in den bequemen Sesseln. Das freundliche Café ist voll und ganz auf die Bedürfnisse von Touristen eingestellt. Erwarten Sie also keine einheimischen Gesichter oder außergewöhnlich gutes Essen – aber das Ambiente stimmt.

176 B5
33, Rue Mouassine
0524 44 11 11
tägl. 11–22 Uhr

Café de France €/€€

Das Straßencafé ist der perfekte Ort für einen Kaffee und so nah an der Action, dass es schon fast zum Djemaa el Fna gehört. Trotz der guten Aussicht ist das halbherzig klimatisierte Restaurant nicht die erste Wahl.

176 B4
Djemaa el Fna
tägl. 6–23 Uhr

Café de la Koutoubia €

Die Rattanstühle auf dem Gehweg sind stets mit Touristen und einheimischen Kaffeetrinkern gut besetzt – ein beliebter Ort, um sich direkt an der lauten Avenue Mohammed V. mit Blick auf die Koutoubia-Moschee unters Volk zu mischen.

176 B4
Ecke Rue Fatima Zohra und Avenue Mohammed V
tägl. 7–23 Uhr

Café des Épices €/€€

Das hübsche Café ist eine der Oasen der Ruhe in den Souks. Von drei Etagen, zwei Terrassen und einer Dachterrasse aus haben Sie Blick auf den Platz mit seinen Verkäufern. Bestellen Sie Minztee, Salat oder ein Sandwich. Hier trifft sich eine spannende Mischung aus Touristen, Wahl-Marokkanern und Einheimischen. Ein cooles Restaurant für ein Abendessen (kein Alkohol).

176 C5
75, Rahba Kedima
0524 39 17 70 www.cafedesepices.net
tägl. 10–23 Uhr

Café Glacier €

Kommen Sie tagsüber auf die Dachterrasse, die abends mit Touristen überfüllt ist. Die untere Etage und die Preise für das obligatorische Getränk sind nicht besonders einladend. Aber die Aussicht auf das emsige Treiben nach Einbruch der Dunkelheit ist herrlich.

176 B4
Hotel CTM, Djemaa el Fna
0524 42 23 25
tägl. 8–24 Uhr

Chez Chegrouni €

An dem einfachen Laden, der Kebab, Pommes frites, Salat und Suppen verkauft, ist nichts auszusetzen. Kürzlich renoviert, aber immer noch geschmackvoll mit Mosaiken und einer geschnitzten Holzveranda ausgestattet. Eine gute Option, wenn Sie den Menschenmassen an den Imbissen im Zentrum des Djemaa el Fna entfliehen, aber trotzdem noch etwas von der Atmosphäre mitbekommen möchten.

176 B4
Djemaa el Fna
0524 65 47 46
tägl. 7–23 Uhr

Dar Cherifa €–€€

Es ist das älteste Stadthaus von Marrakech – und wurde mit Liebe zum Detail zu einem Literaturcafé umfunktioniert. Hier kann man, umgeben von Kunst und unzähligen Büchern, Kleinigkeiten essen, Tee trinken oder einfach nur in Ruhe entspannen.

176 B4
Derb Charifa Lakbirm
0524 42 64 63 www.dar-cherifa.com
tägl. 10–23 Uhr, MI nur bis 19 Uhr.

Auf der Dachterrasse mit Blick über die Stadt genießt sich der Kaffee besonders gut.

Dar Daoud €

Ganz versteckt liegt dieses zauberhafte kleine Maison d'hôte (S. 160) mit hervorragendem Restaurant. Herrliche Säfte, hausgemachte Limonade, Couscous und andere marokkanischen Spezialitäten werden zu einem sehr fairen Preis angeboten.

176 B/C4
Derb el Hammam Mouassine
0524 38 17 79; www.dar-daoud.com
tägl. außer Mo, abends reservieren

Les Terrasses des Épices €€

Man sitzt nicht nur schön, man isst auch richtig gut im marokkanisch-internationalen Restaurant. Vor allem das marokkanische Gebäck ist hervorragend und wahrscheinlich das beste von ganz Marrakech!

176 C4
Souk Cherifa
0524 37 59 04
www.terrassedesepices.com
tägl. von 11-24 Uhr (reservieren)

Le Marrakchi €€€

Wenn Sie die marokkanische Küche noch nicht gewohnt sind, ist das Le Marrakchi eine sichere Wahl. In dem zweistöckigen Lokal speist man mit schönem Blick auf den Djemaa El Fna – etwas touristisch, aber auch sehr beeindruckend. Bier und Wein werden hier zu marokkanischen Spezialitäten in komfortablem Ambiente serviert. Kerzenlicht, marokkanische Musik und Bauchtänzerinnen sorgen für orientalische Atmosphäre.

176 C4
52, Rue des Banques
0524 44 33 77
tägl. 12–1 Uhr

Les Jardins de Bala €€

Eines der fünf Restaurants auf der Terrasse des Hotels Les Jardins de la Koutoubia: Es werden hauptsächlich indische und asiatische Gerichte serviert (gute Currys, Biryanis und Tandooris), dazu kommen ein paar vegetarische Speisen, kurzgebratene Meeresfrüchte und Tapas. Der aufmerksame Service und der Blick auf die Moschee runden das Gesamtbild ab. Mittags empfehlen wir einen leckeren Snack im Schatten eines Sonnenschirms, abends ein Hauptgericht im klimatisierten Lokal.

176 B3
Les Jardins de la Koutoubia, 26, Rue El Koutoubia
0524 38 88 00 www.lesjardinsdelakoutoubia.com
tägl. 12–15.30, 19.30–24 Uhr

Zeitoun Café €€

Die Karte dieses Restaurants bietet Salate und traditionelle marokkanische Gerichte sowie Eiscreme. Das Lokal hat drei Etagen, von denen die luftige Dachterrasse an heißen Tagen die besten Plätze bietet.

176 B4
Djemaa el Fna
0524 42 75 70 www.zeitoun-cafe.com
tägl. 9–2 Uhr

Le Stylia €€€

Eines der besten Restaurants von Marrakech. Es ist in einem alten Palast nahe dem Bab el Ksour untergebracht und serviert beste klassisch-marokkanische Küche. Kosten Sie die vorzügliche Meeresfrüchte-Pastilla! Eine Reservierung ist ratsam, trotz der Größe des Restaurants.

176 B4
4, Rue Mila Bab Ksour
0524 44 05 05
nur abends geöffnet

Le Tobsil €€€
Dieses Restaurant gilt seit Langem als eines der besten der Stadt. Es bietet ein festes Menü sowie Getränke und Aperitifs zu Live-Musik. Planen Sie reichlich Zeit ein, denn es werden zahlreiche Gänge serviert: typisch marokkanisch zunächst vegetarischer Mezze, dann traditionelle Taubenpastete mit herrlichem Blätterteig, gefolgt von Tajine (Hühnchen oder Lamm) mit Couscous.
176 B4
22, Derb Moulay Abdullah Ben Hezzian, Bab El Ksour
0524 44 40 52
Mi–Mo 20–24 Uhr

Naranj €/€€
Köstliches wird hier auf den Tisch gezaubert - und zwar nicht Marokkanisches, sondern Syrisches! Das Besitzerpaar (Österreich-Syrer) führt das Restaurant engagiert. Das Preis-Leistungs-Verhältnis ist super.
176 C3
84 Rue Riad Zitoun el Jdid
0524 38 68 05
www.naranj.ma
Mo–Sa, 12–22 Uhr

Patisserie des Princes €
Das im Schaufenster dieser einladenden, hellen Konditorei ausgelegte Gebäck lässt einem das Wasser im Munde zusammenlaufen. Man kann marokkanisches aundfranzösisches Backwerk wie Crêpes und Pain au Chocolat essen oder mitnehmen.
176 B3
3 2, Rue de Bab Agnaou
tägl. 9.30–23 Uhr

Pepe Nero €€/€€€
Dieses außergewöhnliche Restaurant befindet sich in einem der schönsten Paläste Marrakechs. Dieser gehörte einst einem Wesir und wurde aufwendig renoviert. In eleganten, begrünten Innenhöfen werden bei leisem Brunnengeplätscher hervorragende Speisen serviert. Es gibt ein marokkanisches und ein italienisches Menü zu vernünftigen Preisen zur Auswahl. Eine große und gute Weinkarte ergänzt das tolle Angebot. Eine Reservierung ist angebracht.
177 D4
Derb Cherkaoui, Douar Graoua
0524 38 90 67
www.pepenero-marrakech.com
Di–So 12–14.30, 19.30–23.30 Uhr

Riad El Fenn €€€
Das stilvolle Riad (S. 28, 160) serviert ein köstliches Drei-Gänge-Menü. Mittag- und Abendessen wechseln täglich, abhängig vom Marktangebot. Serviert wird auf der gemütlichen Dachterrasse mit herrlichem Blick über die Koutoubia-Moschee oder an kühleren Tagen im verspiegelten Bar-Restaurant, einem der Geheimtipps von Marrakech. Nicht-Übernachtungsgäste müssen reservieren.

Entdecken Sie Reis in den verschiedensten und exotischsten Variationen!

176 B4
Derb Moulay Abdullah Ben Hezzian, Bab El Ksour 0524 44 12 20
http://el-fenn.com 12–15, 20–23 Uhr

Stände am Djemaa el Fna €
An den abendlichen Ständen des Djemaa el Fna (S. 38) finden Sie eine riesige Auswahl an frisch zubereiteten Speisen – jedes Gericht wird mit frischem Brot und scharfen Dips serviert. Einige Imbisse bieten Speisekarten auf Englisch oder Französisch an, andere haben sich nur auf ein Gericht spezialisiert. Insgesamt stehen über 100 (durchnummerierte) Imbisse zur Auswahl. Bestellen Sie eine Vorspeise bei einem Stand (z. B. Schnecken) und wechseln zum Hauptgericht zu einem anderen – ganz nach Ihren

kulinarischen Vorlieben. Vorher unbedingt den Preis aushandeln.

176 B4

Djemaa el Fna

tägl. Dämmerung–Mitternacht

Wohin zum ... Einkaufen?

In der Inneren Medina drängen sich die Souks und Geschäfte. Kaufen Sie aber nicht direkt an den Ständen rings um den Djemaa el Fna. Im Inneren der Souks finden Sie bessere Angebote und echten Einkaufsspaß.
Akbar Delights (45, Place Bab Fteuh, Tel. 0671 66 13 07, Di–So 9.30–13, 15.30–19 Uhr) ist ein winziger Laden, in dem Sie edel bestickte Pantoffeln und Textilien aus indischer Seide bekommen.
Beldi (9–11, Rue Mouassine, Bab Fteuh, Tel. 0524 44 10 76, tägl. 9.30–13, 16–19 Uhr) ist eine ähnliche, in der Nähe gelegene Boutique. Hier können Sie sich traditionelle Kleidung aus beliebigen Stoffen maßschneidern lassen.
In einem kleinen Winkel in der Nähe des Djemaa el Fna, auf dem Weg zur Place Rahba, liegt ein kleiner Olivenmarkt. Kosten Sie grüne Oliven mit Chili oder dicke schwarze mit Zitrone.
Die Rue Souk Semmarine ist eine der Hauptstraßen des Souks. Sie führt vom Djemaa el Fna vorbei am Rahba Kedima in Richtung der Medersa Ben Youssef (S. 88). Hier liegen einige gute, aber teure Antiquitätenläden.
Auf der Place Rahba Kedima (S. 47) finden Sie unzählige Gewürz- und Teppichhändler. Berberfrauen verkaufen Körbe und handgestrickte Mützen. Geht man am östlichen Ende Richtung Medersa Ben Youssef weiter, kommt man an vielen kleinen Läden vorbei, die Blechschilder verkaufen. Sie sind handbemalt und sehr originell.
Die Fair-Trade-Boutique Al Kawtar (57, Rue Laksour, Tel. 0524 37 82 93; www.alkawtarmarrakech.com, Mo–Fr 10–19 Uhr, Fr vormittags geschl.) ist eine Kooperative für behinderte Mädchen. Sie bietet liebevoll verzierte Wäsche und Kleidung zu festen Preisen an. Es werden auch Stücke auf Bestellung gefertigt. Gleich in der Nähe liegen weitere interessante Geschäfte, darunter KifKif (8, Rue des Ksours, Bab Laksour, Tel. 0661 08 20 41, tägl. 9–20 Uhr) mit hübschen Accessoires aus marokkanischen Stoffen.
Ganz auf Touristen eingestellt ist Jamade in der Rue Douar Graoua. Hier wird »Beldi chic« verkauft, also traditionell Marokkanisches schick veredelt.
Ebenfalls vor allem auf Touristen eingestellt, ist das Ensemble des Souk Cherifa. Hier findet man gleiche mehrere Concept-Stores über zwei Etagen verteilt. (Dar el Bacha, tägl. außer Fr).
Und apropos Concept-Store: Einer der erfolgreichsten von Marrakech ist Max & Jan, nördlich des Souk Cherifa in der Rue Amesfah (Tel. 0524375570, www.maxandjan.ma). Die Preise sind zwar hoch, das Angebot ist aber berauschend und total hip! Das hat sich herumgesprochen und der Zustrom der Kunden ist groß. Marrakechs Ruf als Trendsetter hat Bestand. In den letzten 100 Jahren hatte die Stadt fast immer die Nase vorn bei Interieurs und Innenarchitektur.

Wohin zum ... Ausgehen?

Café Arabe

Eines der wenigen Cafés, in denen alkoholische Getränke erhältlich sind. Aber es gibt in diesem italienisch geführten Betrieb auch hervorragenden Cappuccino und feines Gebäck. Ein Ort, der mit Musik und italienisch-marokkanischem Essen lockt.

176 B5

184, Rue Mouassine ☎ 0524 42 97 28

www.cafearabe.com tägl. 10–24 Uhr

Le Salama

Direkt hinter dem Restaurant Le Marrakchi liegt die Rooftop-Bar. Mit tollem Blick auf den Platz kann man einen Aperitif genießen.

176 C4

40, Rue des Banques ☎ 0524 391300

www.le-salama.com tägl. 11–1 Uhr

Filigrane Ornamente schmücken die Wände im Palais de la Bahia.

Südliche Medina

Königlich und mit stolzen Palästen präsentiert sich dieses Stadtviertel wie aus 1001 Nacht.

Seite 52–77

Erste Orientierung

Wenn Sie Palast-Feeling suchen, sind Sie in der südlichen Medina genau richtig. Die Kasbah, das königliche Viertel der Stadt, nimmt einen großen Teil der südlichen Medina ein. Hier befinden sich herrliche alte Paläste und die markanten Königsgräber der Saadier.

Nicht nur Palast-Besucher kommen hier auf ihre Kosten, auch sonst hat die südliche Medina einiges zu bieten: Die historische Mellah, das alte jüdische Viertel, lohnt genauso einen Abstecher wie die beiden Museen Dar Tiskiwin und Dar Si Saïd, die in wunderschönen Altstadthäusern untergebracht sind. Das absolute Highlight ist jedoch das herrlich restaurierte Hotel La Mamounia. Das Fünfsternehotel ist weltberühmt, und ein Besuch in seinem Spa mit dem aufmerksamen Service ist ein wahres Erlebnis für die Sinne. Hier sind nicht nur Prominente und Adelige willkommen – jeder Gast (der es sich leisten kann) darf den Luxus dieses Hauses genießen.

Alle Sehenswürdigkeiten der südlichen Medina sind vom Djemaa el Fna zu Fuß erreichbar. Bei heißen Temperaturen kann das Taxi jedoch angenehmer sein. Ebenso werden Kutschfahrten angeboten.

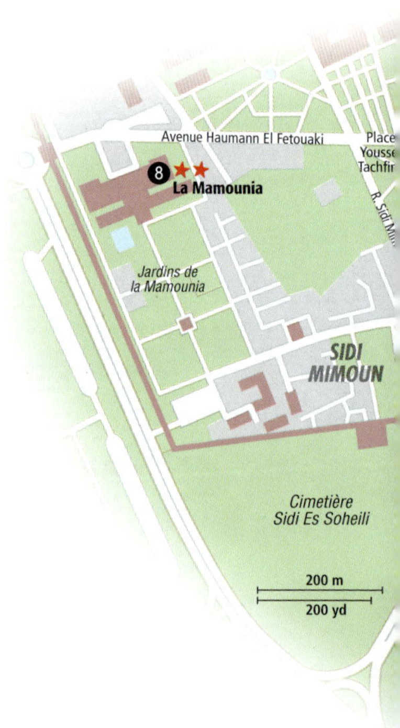

TOP 10

❹★★ Palais de la Bahia

❻★★ Tombeaux Saâdiens

❽★★ La Mamounia

Nicht verpassen!

⓯ Palais El Badii

⓰ Dar Si Saïd

⓱ Dar Tiskiwin

Nach Lust und Laune!

18 Mellah

19 Jardins de l'Agdal

20 Bab Agnaou

21 Mosquée de la Kasbah

22 Place des Ferblantiers

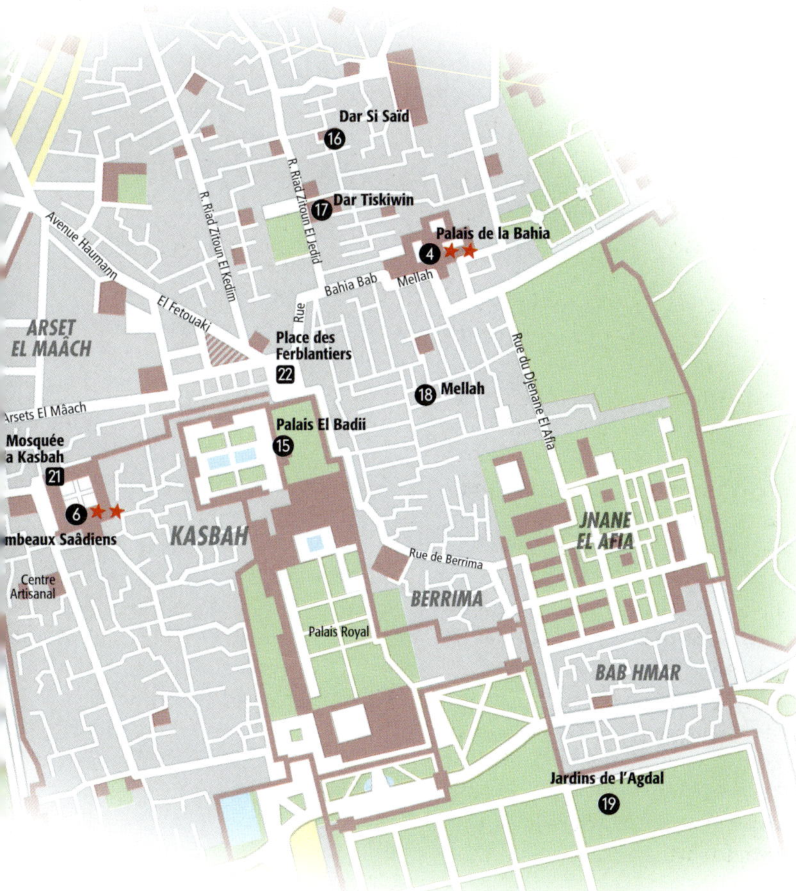

Mein Tag … wie im Märchen aus 1001 Nacht

Einmal mit allen Sinnen die geheimnisvolle Welt der orientalischen Märchen erspüren … Lassen Sie sich verzaubern vom einzigartigen Flair der traumhaft schönen Paläste mit ihren zierlichen Stuckarbeiten, geschnitzten Ornamenten und farbenfrohen Mosaiken. Aus dem prachtvollen Reich der marokkanischen Großwesire führt Sie Ihr Weg weiter in das eleganteste Spa von Marrakech.

8.30 Uhr: Mit der Kutsche zum Großwesir

Beginnen Sie den Tag stilvoll: Am Place Foucauld mieten Sie sich eine Pferde-Calèche für die Fahrt zum Palais El Badii. Auf der Rue de la Kasbah geht es mitten durch das lebhafte Kasbah-Viertel Richtung Süden und vorbei an den ehemaligen Gärten des Sultans (S. 71). Vom einst prächtigen ⓯ Palais El Badii stehen heute nur noch die Außenmauern.

11 Uhr: Den Hauch der Vergangenheit spüren

Es ist noch früh am Tag und der Besucherandrang deshalb noch überschaubar. Treten Sie ein zwischen die Ruinen des größten marokkanischen Palast des 16. Jhs. Schließen Sie die Augen und lassen Sie die Atmosphäre auf sich wirken. Hier lebte einst die Familie des Sultans Ahmed El Mansour mit Hunderten von Bediensteten. Zum ❹★★ Palais de la Bahia, dem Leuchtenden, ist es

8.30 Uhr: Mit der Kutsche zum Großwesir

11 Uhr: Den Hauch der Vergangenheit spüren

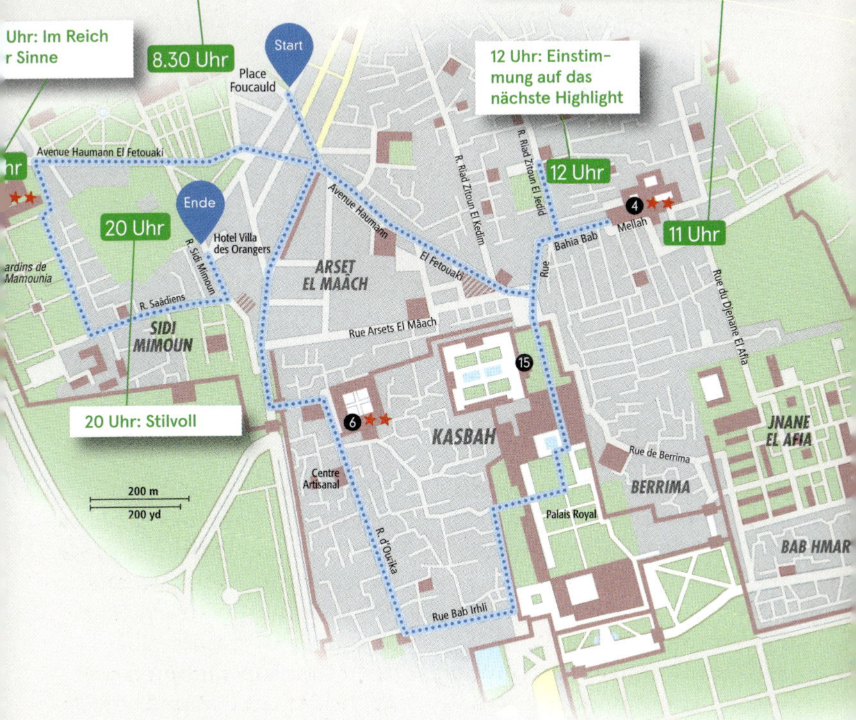

Starke Kontraste: das verfallene Palais el Badii und das strahlende schöne Palais de la Bahia

Im Palais el Badii lässt sich gut ein Päuschen einlegen.

nur ein kleiner Spaziergang. Dort erwartet Sie ein Traum der maurischen Baukunst, dessen Herzstück, ein Brunnen umgeben von duftenden Orangenbäumen, Sie zu einer kleinen meditativen Pause einlädt.

12 Uhr: Einstimmung auf das nächste Highlight

Nur ein paar Meter weiter Richtung Norden und Sie stehen vor dem Restaurant La Famille (S. 75). Hier lohnt es sich wirklich einzukehren! Eine kleine grüne Oase inmitten der Stadt. Tee trinken, zu Mittag essen, entspannen. Nach dem Essen sollst du ruh'n oder 1000 Schritte tun … – Sie kennen das. Sie nehmen die 1000 Schritte. Viel mehr dürften es nicht sein. Dann sind Sie auch schon im einzigartigen Wellness-Tempel des exklusiven und weltberühmten Fünfsternehotels ❽★★ La Mamounia.

Verwöhnt werden im Luxus des Hotel-Spa

14 Uhr: Im Reich der Sinne

Das edelste Spa der Stadt mit seinem marokkanischen Interieur ist eine Offenbarung für die Sinne. Allein die Räumlichkeiten sind königlich! Freundliche Angestellte helfen Ihnen beim Umkleiden, und im traumhaften Hammam umhüllen Sie exotische Düfte. Sie tauchen ab in das Wohlgefühl des Dampfbades und der reinigenden Körpermassagen. Auch das Schwimmbad und der paradiesische Garten stehen zu Ihrer Verfügung.

20 Uhr: Stilvoll dinieren

Krönen Sie Ihren Verwöhn-Tag mit einem exquisiten Abendessen im Restaurant der Villa des Orangers (S. 161). Nur 15 Minuten Fußweg vom Hotel La Mamounia entfernt erwarten Sie in einem besonders eleganten Ambiente beste Fusion-Küche und ausgesuchte Weine. Kein Wunder: Die Villa gehört zur noblen Hotelkette Relais & Chateau.

i

Villa des Orangers
175 D3
6, Rue Sidi Mimouni
0524 38 46 63 89
www.villadesorangers.com
Eine Calèche-Fahrt von 30 Min. kostet rund 60 DH.
Für einen halben Tag Wellness im Hotel La Mamounia muss man mit 140 Euro p. P. rechnen (www.mamounia.com).
Für das Abendessen im Restaurant Villa des Orangers müssen Sie mit mind. 70–80 Euro pro Person rechnen (Getränke separat).

❹ ★★ Palais de la Bahia

Warum?	Die traumhafte Filmkulisse von *Lawrence von Arabien*
Was?	Ausruhen, schauen, wirken lassen
Wie lange?	Ein bis zwei Stunden
Wann?	Dienstags ist der Palast geschlossen, freitags sehr voll
Was noch?	Unbedingt einen Tag mit schönem Wetter aussuchen, dann leuchtet der Innenhof!
Was nehme ich mit?	Ornamente, Orangenblütenduft, Orient

Der leuchtende Palast

Erbaut wurde der Palast in der zweiten Hälfte des 19. Jhs. von den beiden Großwesiren Si Moussa und dessen Sohn Bou Ahmed, der die Anlage um die Moschee und einen Hammam ergänzen ließ. Hier lebten seine vier Ehefrauen sowie zwei Dutzend Konkubinen und mit ihnen alle Kinder. Doch den Wesir interessierten weniger seine Frauen, sondern vielmehr sein Prestige. Er wollte mit dem Palast die schönsten Paläste Marokkos übertrumpfen.

Perle der Baukunst

Der im andalusisch-maurischen Stil geplante und errichtete Palast vereint alle Merkmale islamischer Baukunst: Licht, Wasser und Symmetrie sind damals wie heute wesentliche Gestaltungsmerkmale. Ganz gleich, wo in der islamischen Welt: Diese drei Merkmale werden Sie überall wiedererkennen. El Bahia ist bis heute einer der schönsten Bauten des Landes. Er wurde von El Hajji Mohammed El Mekhi geplant und über einen Zeitraum von 15 Jahren von Handwerkern aus Fès gebaut. Die Fläche der weit ausgedehnten Parks und des Palasts beträgt insgesamt rund 80 000 m². Die Anlage ist so großartig, dass sie schon öfter als Filmkulisse diente, z. B. für *Lawrence von Arabien*.

Der Palast beeindruckt mit wunderschönen architektonischen Details.

Prachtvolles Innenleben

Der Eingang zu der weitläufigen Palastanlage führt in einen lang gestreckten Innenhof, von dem mehrere Empfangshallen mit einst kunstvoll verzierten Decken abgehen. In den unmöblierten Räumen beeindruckt die Bauweise: Beachten Sie die Muster der Kacheln und den traditionellen polierten Tadelakt (Kalkputz), aber auch die bemalten Decken und das wabenförmig geschnitzte und vergoldete Zedernholz. Im Frauenflügel waren die größten Gemächer den Lieblingskonkubinen des Großwesirs zugewiesen. In den dazugehörigen, gekachelten Innenhöfen, in denen Bananenstauden und Palmen wuchsen, befanden sich Wasserbecken, die auch zum Baden dienten. Diese privaten Gärten waren von der Außenwelt hermetisch abgeriegelt. Heute sind Teile davon öffentlich zugänglich.

Mit El Bahia (Die Strahlende) sollte der schönste Palast überhaupt entstehen.

KLEINE PAUSE

Rund um den Place des Ferblantiers südlich des Palastes gibt es nette kleine Cafés und einfache Restaurants. Hier kann man eine Pause einlegen und das Leben um sich herum beobachten.

---

i

177 D3 ✉ Rue de la Bahia, Rue Riad Zitoun El Jedid ☎ 0524 38 92 21
tägl. (außer Di) 8–18 Uhr
10 DH

6 ★★ Tombeaux Saâdiens

Warum?	Die schönste Grablege von Marokko
Was?	So prunkvoll wie ein Palast
Wie lange?	Etwa eine Stunde
Wann?	Am besten gleich nach Öffnung oder kurz vor Schließung
Was noch?	Unbedingt auch den Garten besuchen
Was nehme ich mit?	Totenstätte ohne Gruseleffekt

Die Halle der zwölf Säulen ist die letzte Ruhestätte des Sultans El Mansour.

Ehrwürdige Grablege

Anfang des 18. Jhs. befahl Sultan Moulay Ismail die Vernichtung aller Zeugnisse der Kultur der Saadier. Auch der Palais El Badii (S. 66) fiel der Zerstörung zum Opfer. Doch er ließ die Gräber der früheren Herrscher hinter einer hohen Mauer verschwinden, statt sie zu zerstören. Unglaublich, aber wahr: Die Gräber blieben 200 Jahre bis zu ihrer Wiederentdeckung im Jahr 1917 unberührt.

Schon lange vor den Saadiern, die in Marrakech von 1524–1659 herrschten, diente der ehemalige Garten der Kasbah-Moschee als Grabstätte einiger Emire. Der Saadier Ahmed El Mansour (»Der Siegreiche«) ließ die Anlage dann im Stil des Palais El Badii zu einer prächtigen Nekropole ausbauen. An seiner Seite wurden sieben Sultane und 62 Mitglieder ihrer Familien bestattet.

Farbenfrohe Kachelkunst in einer der Grabkammern

Die Fundstätten

Ursprünglich lag der Eingang zu den Gräbern in der benachbarten Moschee, inzwischen aber gibt es einen zusätzlichen Eingang für Touristen. Kommen Sie unbedingt früh am Morgen oder kurz vor Schließung. Denn ohne die Massen kommen Sie sich wie der Entdecker der Grabkammer vor, wenn Sie dem gewundenen Gang folgen.

Die Anlage besteht aus zwei Mausoleen. Im ersten gelangen Sie zunächst zum ehemaligen Gebetsraum. Zweckentfremdet enthält er nun die Sarkophage einiger Saadier-Prinzessinnen, schließlich betet hier niemand mehr. Direkt dahinter sehen Sie den Saal der zwölf Säulen – mit Türen aus Zedernholz, kühlem weißen Marmor aus Italien und einer riesigen gewölbten Decke. Hier liegen Ahmed El Mansour und seine Familie begraben. Die Grabstätten wurden auf älteren errichtet, in denen die Mutter El Mansours und der enthauptete Leichnam von Mohammed Esh Sheikh, der Gründer der Saadier-Dynastie, begraben sind. Etwas abseits zwischen wilden Rosen, Malven und Aprikosenbäumen finden Sie das zweite Mausoleum; die mit gemusterten Kacheln (Zellij) geschmückten Gräber bewahren die sterblichen Überreste weiterer Angehöriger der Dynastie.

KLEINE PAUSE

Neben dem Mausoleum der Sultane am anderen Ende der kurzen Gasse liegt das luxuriöse Hotel **La Sultana** (S. 75). Dort speist man ausgezeichnet. Deswegen ist eine Reservierung hier unbedingt erforderlich.

---

i

176 C2
Rue de la Kasbah, Bab Agnaou

tägl. 8–16 Uhr
10 DH

❽ ★★ La Mamounia

Warum?	Eines der schönsten Hotels der Welt mit vollkommenem Service
Was?	Glamour, Glanz und Gloria
Wie lange?	Am liebsten für immer. Mindestens eine Tee-Zeremonie oder einen Barbesuch einplanen.
Wann?	Jederzeit
Was noch?	Unbedingt den Hotelgarten besuchen
Resümee	Rundherum ein königliches Ambiente

Im Hotel La Mamounia residierte einst Sir Winston Churchill, wenn er zum Malen in Marrakech weilte.

Erstklassiges Domizil

Das legendäre Art-déco-Hotel mit seinem beeindruckenden, über 300 Jahre alten Garten ist eines der besten und berühmtesten Hotels der Welt und darf in einem Atemzug mit dem Raffles Hotel in Singapur oder dem Ritz in Paris genannt werden. Zahlreiche prominente und adelige Gäste logieren hier regelmäßig, und ein Teil des Hotels ist in königlichem Besitz. Neben den 209 äußerst eleganten Zimmern verfügt die Anlage über drei stilvoll ausgestattete Riads und ein exquisites Spa. Seinen Namen verdankt das Fünfsternehotel den im 18. Jh. von Prinz Moulay Mamoun gestalteten Gärten. Machen Sie einen Rundgang!

KLEINE PAUSE

Genießen Sie das Büfett oder einen Sonntagsbrunch (€€€) im **Le Pavillon de la Piscine** am Pool oder ein Mittagessen auf der Terrasse des Restaurants **Le Français** (€€€).

ⓘ

176 A3
Avenue Bab Jedid

☎ 0524 38 86 00
www.mamounia.com

Magischer Moment

Von schönen Frauen, Königen und Bettlern

Haben Sie schon einmal einem Geschichtenerzähler zugehört? Es dauert nicht lang, und Sie sind mitten drin im Geschehen, wo es um Intrigen, Macht, Liebe, Kampf, Arm und Reich geht. Der Geschichtenerzähler Ahmed erzählt auf Englisch, damit nicht nur Marokkaner in den Genuss seiner Kunst kommen, und zwar montags und donnerstags ab 19 Uhr im Café Clock im Kasbah-Viertel.

224, Derb Chtouka, Tel. 0524 37 83 67, www.cafeclock.com

⓯ Palais El Badii

Warum?	Der letzte Rest aus der Dynastie der Saadier
Was?	Augen zu und Atmosphäre spüren
Wie lange?	Ein bis zwei Stunden
Wann?	Frühmorgens oder während der Festivals
Was noch?	Kaufen Sie sich gleich ein Ticket zum Minbar der Koutoubia-Moschee
Resümee	So prachtvoll können Ruinen sein

Prachtentfaltung pur

Es muss ein Palast wie in 1001 Nacht gewesen sein, damals im 16. Jh. Denn zu dieser Zeit schmückten Gold, Onyx und Marmor dieses außergewöhnliche Gebäude, das der saadische Sultan Ahmed El Mansour (1578–1603) erbauen ließ. Der Zeitgenosse der englischen Königin Elisabeth I. wollte seinem Sieg über die Portugiesen in der Schlacht von Alcazarquivir ein Denkmal setzen. Es dauerte 25 Jahre, den Bau zu vollenden – und der spätere Sultan Moulay Ismail (1672–1727) brauchte beinahe zwölf Jahre, um ihn zu plündern. Wenn Sie das Palais El Badii betreten und sich die Größe dieses monumentalen Bauwerks vergegenwärtigen, können Sie sicher erahnen, dass hier keine Kosten gescheut wurden.

Der riesige Palast El Badii ist nur noch als Ruine erhalten.

Vogelgezwitscher und ein paar Palmen begrüßen den Besucher. Die einst goldverzierten Decken sind heute kahl und nur vereinzelte Fragmente des dekorativen Stucks und Zellij sind erhalten geblieben. Über eine Öffnung im dreistöckigen Mauerwerk gelangt man in den Palast. Sie führt zu einem leeren Innenhof mit einem inzwischen trockengelegten Wasserbecken. Einst war er eine Oase, umgeben von vier Gärten voller Rosen, Orangenbäume und riesiger Palmen.

Eingang zur Koubba el Hamsinniya im Palais el Badii

Vogelperspektive

Der Turm an der Nordostseite ist der einzige, bei dem die Treppe noch erhalten ist. Sie führt auf eine Terrasse, auf der Störche und Spatzen ihre Wachposten bezogen haben. Der Palast hatte einst 360 Zimmer, alle prachtvoll dekoriert mit Gold, Elfenbein, Marmor und Halbedelsteinen. Ein Plan illustriert die ursprüngliche Anlage mit dem Kristallpavillon des Sultans, den Wasserbecken und Salons, von denen heute nur noch Ruinen stehen. Der Pavillon für die Audienzen war einst von einer Pyramide gekrönt und war ebenfalls mit Wasserbecken verziert.

Ein Kunstwerk

Die leuchtenden Bougainvilleen weisen Ihnen den Eingang zum Minbar der Koutoubia. Die Holzkanzel ist eines der schönsten Meisterwerke islamischer Schnitzkunst weltweit. Die über 1000 außergewöhnlich aufwendig gearbeiteten Ornamente sind mit Intarsien versehen. Mittels einer der Inschriften konnte der Minbar auf das Jahr 1139 datiert werden.

KLEINE PAUSE

Das Dachrestaurant der nahe gelegenen **Kosybar** (S. 74) mit seiner tollen Aussicht ist ideal für eine Erfrischung zwischendurch. In der Bar gibt es neben kühlem Bier auch andere Spirituosen.

---

176 C2
bei der Place des Ferblantiers
tägl. 8–17 Uhr
Palais & Minbar jeweils 10 DH

⑯ Dar Si Saïd

Warum?	Ein Juwel unter den Museen von Marrakech
Was?	Traditionelles Kunsthandwerk
Wie lange?	Eine Stunde
Wann?	Täglich außer dienstags
Was noch?	Innehalten im Innenhof
Resümee	Bahia-Palast in klein

Der Innenhof mit dem Springbrunnen ist paradiesisch schön.

Ein kleines Paradies

Das Museum Dar Si Saïd ist ein herrlicher Palast aus dem 19. Jh. mit paradiesischem Innenhof. Etwas kleiner als der Bahia-Palast (S. 60), aber mindestens ebenso prachtvoll und hochwertig ausgestattet, zeigt das Museum für Marokkanische Kunst meisterhaftes Kunsthandwerk, darunter Berberteppiche, Silberschmuck, Waffen und Töpferwaren.

Man kann sich kaum entscheiden, was interessanter ist: das Gebäude oder die Ausstellung. Der ehemalige Wohnsitz eines Wesirs ist repräsentativ für den gehobenen Lebensstil des marokkanischen Adels in der Zeit des 19. Jhs.: Um einen üppig bewachsenen Innenhof gruppieren sich Räume mit reich verzierten, holzgeschnitzten Decken, detailreichen Mosaiken und farbigen Fayencen. Nach diesem Vorbild wurden übrigens zahlreiche Riads in der Altstadt errichtet.

Palais Gharnata 5/6, Derb El Arsa, tgl. 11–15, 19.30–23.30 Uhr www.gharnata.com

KLEINE PAUSE

In der Nähe des jüdischen Viertels liegt der **Palais Gharnata**, ein Paradies für Feinschmecker. Der größte Andrang herrscht hier am frühen Abend, kommen Sie also besser mittags oder ab 20.30 Uhr.

i

176/177 C/D3
Rue de la Bahia

tägl. außer Di, 9 –16.30 Uhr
10 DH

⓱ Dar Tiskiwin

Warum?	Die Kultur der Nomadenstämme kennenlernen
Was?	Kunsthandwerk der Berber vom Feinsten
Wie lange?	Etwa eineinhalb Stunden
Wann?	Am besten an einen Besuch des Dar Si Saïd anschließen
Was noch?	60 Jahre Sammelleidenschaft von Bert Flint
Resümee	Kulturaustausch at it's best!

Kultur und Geschichte der Berber

Unzählige Details sind im ganzen Haus zu bewundern.

Das Museum ist zwar etwas klein und etwas eng. Aber es enthält eine einzigartige Sammlung berberischer Volkskunst – vor allem aber spürt man den Spirit des Sammlers Bert Flint, der vor über 60 Jahren nach Marokko kam, um die ländliche Kultur der Berber zu erforschen.

Ausgestellt werden hier Fundstücke, die Bert Flint von seinen Forschungsreisen in die entlegensten Berber-Regionen Marokkos und der angrenzenden Staaten mitbrachte. Hier gibt es wirklich sehenswerte Objekte aus Nord- und Westafrika zu entdecken. Aber werfen Sie auch einen Blick auf die Türrahmen, die Fensterstürze oder die Decken. Denn auch dieses Haus zeichnet sich durch eine sehenswerte Architektur aus! Seit 2006 gehören die Sammlung und das Haus der Universität von Marrakech. Eigentlich hätte ein Institut für die Erforschung der Berberkultur entstehen sollen, doch das Dar Tiskiwin ist ein Museum geblieben.

KLEINE PAUSE

Direkt ums Eck liegt das Restaurant **La Familia.** (S. 75) Wie der Name schon sagt, geht es hier familiär zu.

176/177 C/D3
Rue de la Bahia
0524 389192 www.tiskiwin.com

tägl. 9–12.30 Uhr und 15–18 Uhr
20 DH

Nach Lust und Laune!

18 Mellah
Jüdische Geschichte in Marrakech

Juden und Marokko: Nicht gerade eine Verbindung, auf die man sofort kommen würde. Dabei gibt es in Marokko, und ganz speziell in Marrakech, eine jahrhundertelange jüdische Vergangenheit. Mellah: Das Wort kommt von Salz (arab. Milha). Und als Mellah werden alle jüdischen Viertel in Marokko bezeichnet. Der Ausdruck stammt aus der Zeit, wo es alleine Juden vorbehalten war, mit Salz zu handeln. Denn seit Jahrhunderten lebten Juden in Marokko vor allem vom Handel, aber auch vom Bankengeschäft.

Die Mellah von Marrakech war einst die größte jüdische Enklave in der arabischen Welt. Heute leben nur noch wenige jüdische Familien in dem überwiegend muslimischen Viertel. Doch die in Marrakech wohnenden Juden besuchen nach wie vor regelmäßig die Synagogen. Und immer mehr Juden zieht es wieder zurück in ihre alte Heimat.

Die 1558 gegründete Mellah von Marrakech lag in der Nähe der Kasbah und des Königspalasts, einerseits zu ihrem Schutz, aber auch zu ihrer Kontrolle. Die Juden waren erfolgreiche Bankiers, Schneider, Vermittler im Handel mit Christen und sogar Berater des Königs. Sie besaßen entlang der Karawanenrouten große Niederlassungen, wo sie Handel trieben. Ursprünglich sollten die Mellahs das Nebeneinander der Religionen vereinfachen, doch mit der Zeit entwickelten sie sich zu Gettos.

Das Verhältnis zwischen jüdischer und muslimischer Bevölkerung war zwiespältig, man

Die Miaara, der jüdische Friedhof, liegt neben der Mellah. Hier befinden sich die Gräber von elf jüdischen Marabouts (heiligen Männern).

betrachtete die Juden mit Argwohn. Ein Highlight der Mellah ist der Besuch des Marktes. Es lohnt sich, in die lebhafte Atmosphäre einzutauchen.

177 D2
Mellah Markt
Place des Ferblantiers Richtung Koutoubia
Fr geschl.

19 Jardins de l'Agdal Königliche Gärten

Schade, dass sie fast immer geschlossen sind, die königlichen Agdal-Gärten. Denn direkt vor den Toren der Stadt findet man hier eine herrliche Grünfläche zum Luftholen, vor allem in der Sommerhitze, wenn die Luft in der Stadt steht. Aber dieses Privileg hat der König, der die Agdal-Gärten für sich beansprucht. Dennoch kann man Glück haben – vor allem freitags oder sonntags. Dann sind die Gärten geöffnet, und Sie können darin umherschlendern, sich an den vielen Olivenbäumen erfreuen, an den großen Wasserbassins, die einst das Wasser aus dem Atlas in sich aufnahmen, um dem Palast zur Verfügung zu stehen. Die Gärten sind riesengroß: 3 km^2! Angelegt wurden sie schon im 12. Jh. Sie sind also wesentlich älter als die berühmten Gärten von Granada.

Erkundigen Sie sich, ob die Gärten offen sind, bevor Sie sich auf den Weg machen. Und nehmen Sie etwas zu trinken mit, denn vor Ort kann man nichts kaufen. Der Eintritt zu den Gärten ist frei.

177 D/E1
Rue Bab Ahmar

Die Jardins de l'Agdal sind eine riesige Parkanlage mit Oliven-, Orangen und Granatapfelbäumen. Blumen sucht man hier vergebens.

Segenssprüche auf dem Bab Agnaou

20 Bab Agnaou

Das schönste Tor von Marrakech befindet sich am Eingang zur Kasbah. Auch wenn es schon etwas ramponiert ist und dringend restauriert werden müsste, fallen beim Bab Agnaou die unglaublich prachtvollen Verzierungen auf.

Feine konzentrische Bögen, florale Muster, in Stein gemeißelte Koranzitate, die die durchs Tor Gehenden segnen, aber auch eine wunderschöne Gesamtarchitektur machen das Bab Agnaou aus. Das Tor wurde im 12. Jh. während der Almohaden-Dynastie erbaut und ist der Haupteingang zur Kasbah (Burg). Der Name bedeutet »Tor der Gnaoua« und erinnert an die Sklaven, die hierher verschleppt worden waren und es errichten mussten.

Trotz mehrfacher Umbauten über die Jahrhunderte hinweg ist heute noch zu erkennen, dass das Bab Agnaou von Anfang an eher der Repräsentation diente und weniger der Verteidigung der Stadt.

176 B2

21 Mosquée de la Kasbah

Nicht-Muslime bekommen nur das grün gekachelte Dach und die roten Außenmauern der Moschee zu sehen, die zwischen dem Bab Agnaou und den Saadiergräbern (S. 62) in die Gebäude der Kasbah integriert ist.

Also setzen Sie sich doch am besten in das Restaurant Nid Cogogne schräg gegenüber und genießen Sie wenigstens die Sicht auf die Moschee. Sie stammt aus dem 12. Jh. und wird auch häufig nach ihrem Erbauer als Mosquée El Mansour bezeichnet.

Doch viel ist aus dieser Zeit nicht mehr zu sehen. Nach schweren Beschädigungen im 16. Jh. wurde die Moschee mehrfach umgebaut und renoviert.

176 B/C2
Rue de la Kasbah
kein Zutritt für Nicht-Muslime

22 Place des Ferblantiers

Der ruhige, hübsche Platz mit Bänken, Palmen und einem schlichten Freiluftcafé ist nach den *ferblantiers* benannt. Die Werkstätten der

Eisenschmiede breiten sich am Rand des Platzes aus. Im Angebot sind zum Beispiel traditionelle sowie moderne, dekorative Laternen und Spiegel aus Blech. Halten Sie nach den fantasievollen Stücken Ausschau, die aus kleinen, bearbeiteten Blechteilen mit abwechslungsreichen Mustern zusammengesetzt sind. Jedes der handgearbeiteten Stücke ist ein Unikat. Vielleicht ist das richtige Souvenir für Sie oder Ihre Lieben zu Hause dabei? Die Place des Ferblantiers hieß früher Place du Mellah und bis heute gelangt man von hier aus in das alte jüdische Viertel (S. 70). Auf einer der Terrassen können Sie in Ruhe ein marokkanisches Menü genießen. Oder Sie nehmen ein Picknick auf dem Platz ein.

Die Place des Ferblantiers mit ihren Palmen ist die Domäne der Eisenschmiede.

176 C2

Place des Ferblantiers

Wohin zum ... Essen und Trinken?

Preise für ein Hauptgericht ohne Getränke:

€	unter 170 DH
€€	170–340 DH
€€€	über 340 DH

RESTAURANTS

Einige Restaurants bieten Dachterrassen mit Sonnenschirmen und einer frischen Brise. Von hier können Sie sich das königliche Viertel aus der Vogelperspektive anschauen.

Earth Café € / €€

Das Earth Café gibt es zweimal in Marrakech: in der Rue Riad Zitoun El Kedim und beim Museum Dar Si Saïd. Beides sind vegetarisch-vegane Restaurants. Das Gemüse wird – laut Inhaber – auf der eigenen Farm 16 km vor den Toren Marrakechs angebaut. Auf den Tisch kommen Gemüseburger oder mit Gemüse gefüllte Teigtaschen mit Joghurtsauce. Ebenso werden Kochkurse angeboten.

176 C3
Derb Zawak, Riad Zitoun El Kedim
0661 28 94 02
www.earthcafemarrakech.com

Henna Art Café €

Das kleine Café ist in einem schmalen Haus untergebracht, ganz orange und blau gehalten. Es gibt außergewöhnlich viele Teesorten, Kleinigkeiten zu essen und ein bisschen Kunsthandwerk zu kaufen.

176 C3
Rue Riad Zitoun El Kedim
0524 38 14 10
www.marrakechhennaartcafe.com
tagsüber geöffnet.

Kosybar €€

Das etwas andere Lokal, in dem Sie eine Erfrischung auf der luftigen Dachterrasse schlürfen, bei Sushi oder Thai-Essen in Sofas versinken oder in der Piano-Bar dem Jazzprogramm (Mi, Fr, Sa) lauschen können. Wer in ungezwungener Atmosphäre eine Kleinigkeit essen möchten, ist hier richtig. Die Speisekarte ist marokkanisch und international, das Essen abwechslungsreich, aber eher mittelmäßig. Die Bar bietet eine breite Auswahl an Spirituosen und guten Zigarren.

176 C2
47, Place des Ferblantiers
0524 38 03 24 www.kosybar.com
tägl. 12–15, 20–24 Uhr oder länger

Ksar El Hamra €€

Das touristische Restaurant unterhält seine Gäste mit traditionellen Musikern und orientalischen Tänzerinnen. Es liegt in einem opulenten Riad im Herzen der Medina. Serviert werden marokkanische Spezialitäten. Die Atmosphäre ist formell. Der schöne Hof ist an sonnigen Tagen oder lauen Nächten ideal, an kühleren Tagen sollten Sie sich für einen der heimeligen Alkoven entscheiden.

176 C3
28, Sabt Ben Daoud, Rue Riad Zitoun El Kedim 0524 42 76 07
www.restaurant-ksarelhamra.net
meist von 20 Uhr bis spät in die Nacht

Marokkanischen Flair genießen, zurücklehnen und entspannen ...

La Mamounia €€€

Das Hotel La Mamounia (auch S. 64) hat vier hervorragende Restaurants und zwei Küchenchefs mit Michelin-Stern. Der Pool Pavillon bietet von 12.30 bis 15.30 Uhr ein mediterranes Buffet, sonntags wird ein beliebter Champagner-Brunch angeboten. Das Le Marocain ist ein angesehenes marokkanisches Restaurant in einem opulenten Riad, das sich über drei Etagen

erstreckt. Das Essen ist exklusiv und umfasst alle marokkanischen Klassiker. Das L'Italien serviert moderne italienische Küche aus frischen saisonalen Produkten, abends auch auf der Terrasse bei Kerzenschein. Alle Restaurants sind auch für Nicht-Übernachtungsgäste geöffnet. Der Dresscode schreibt elegante Kleidung vor.
✈ 176 A3
✉ Avenue Bab Jedid
☎ 0524 38 86 00 ⊕ www.mamounia.com

La Famille €
Hübsches, familiäres Restaurant in einem Hinterhof entlang der Rue Zitoun el Jedid. Ein bisschen Shabby Chic, aber eine gute Speisekarte, sehr angenehmes Ambiente unter Bäumen, freundliche Leute und gutes marokkanisch-französisches Essen.
✈ 176 C3
✉ Rue Riad Zitoun el Jedid ☎ 0524 385295
● nur tagsüber geöffnet

La Sultana €€ / €€€
Mittags können Sie hier leichte Gerichte mit mediterraner und asiatischer Note in romantischer Umgebung am Hotelpool oder auf der Terrasse genießen. Eine hervorragende Option, wenn Sie das Spa des Hotels besuchen. Abends wird marokkanische, französische und internationale Fusion-Küche im formelleren Restaurant serviert. Auch vegetarische Gerichte werden angeboten, allerdings ist die Auswahl nicht allzu fantasievoll. Der Service ist in diesem Luxushotel hervorragend, das Essen sehr gut.
✈ 176 C2
✉ 403, Rue de la Kasbah
☎ 0524 38 80 08
⊕ www.lasultanamarrakech.com
● tägl. 12–15, 19–24 Uhr (Reservierung)

La Villa des Orangers €€€
Nicht nur das Restaurant, sondern das ganze Hotel, das der Kette Relais & Chateaux angehört, ist außergewöhnlich! Hier fühlt man sich nur wohl, wenn man entsprechend gekleidet ist. Also très chic! Die Speisekarte wechselt täglich – je nachdem, was der Markt hergibt. Man darf beste Fusion-Küche erwarten, traditionell Marokkanisches, gepaart mit französischer Raffinesse. Kein Wunder, gehört das Restaurant doch zu den besten der Stadt. Mittags ist es alleine den Hotelgästen vorbehalten, abends haben auch – natürlich nur mit Reservierung – Nicht-Übernachtungsgäste die Gelegenheit, hier zu dinieren. Das Ambiente ist zauberhaft – man fühlt sich viel eher wie in einem Wohnzimmer als in einem Gastraum. Wundervoll isst es sich auch im Garten nahe dem Pool.
✈ 176 B3
✉ 6, Rue Sidi Mimoun, Place Ben Tachfine
☎ 0524 38 46 38 ⊕ www.villadesorangers.com ● tägl. mittags und abends

Auf ein nettes Pläuschchen trifft man sich hier gerne.

Nid Cigogne € / €€
Die Snacks, Salate und Tajines sind weniger der Rede wert, dafür aber bietet das dreistöckige Restaurant direkt gegenüber den Saadiergräbern von seiner Dachterrasse aus eine beeindruckende Aussicht auf das königliche Viertel.
✈ 176 C2
✉ 60, Place des Tombeaux Saadiens
☎ 0524 38 20 92
● tägl. 10–22 Uhr

BARS

Alkoholische Getränke bekommen Sie im Südteil der Medina praktisch nur in einem Hotel, Riad oder Restaurant. Das La Sultana hat eine Lounge und eine Pool-Bar, in der allerdings eine Reservierung zum Essen erforderlich ist. Ordentliche Cocktails und internationale Weine bietet die Bar im

Hotel Les Jardins de la Medina (www.lesjardinsdelamedina.com), auch hier mit Reservierung.
Im La Villa des Orangers (S. 75) genießen Sie Ihren Drink in einem gemütlichen Salon am offenen Kamin oder im Innenhof. In den beiden nachfolgenden Bars müssen Sie zwar nicht unbedingt etwas zum Essen bestellen, im Allgemeinen sollten Sie jedoch ihren Drink dort zu sich nehmen, wo Sie auch zu Abend essen.

Churchill Piano Bar
Sie können darauf wetten, dass Churchill den einen oder anderen Whisky in seinem geliebten Mamounia (S. 64, 74) getrunken hat. Die nach ihm benannte Bar serviert eine große Auswahl an Getränken, natürlich auch erlesene Whiskys, Zigarren und Cocktails. Es handelt sich allerdings nicht nur um eine einfache Bar, sondern um einen historischen, mondänen Club mit Holzvertäfelung, viel Leder und Bildern der Jazzgrößen, die hier bereits aufgetreten sind. Ein Pianist spielt jeden Abend ab 21 Uhr und schafft eine ruhige Atmosphäre für einen Schlummertrunk. Am Eingang wird die Garderobe kontrolliert: keine Shorts oder Sportkleidung, stattdessen Sakkos für die Herren.

176 A3
Avenue Bab Jedid
0524 38 86 00 www.mamounia.com
tägl. 2–1 morgens

Wohin zum ... Einkaufen?

Im Vergleich zu den Souks in der nördlichen Medina oder den Boutiquen in der Neustadt ist das Einkaufen in der südlichen Medina ganz zwanglos und auch authentischer.
Am Place des Ferblantiers gibt es mehrere Geschäfte, die marokkanische Laternen verkaufen. Auf der anderen Straßenseite liegt der überdachte Gold-Souk; die zahlreichen Goldgeschäfte verkaufen den Schmuck, den marokkanische Bräute heiß und innig lieben. Einige Geschäfte bieten auch Silberschmuck der Berber an.
Auf dem **Mellah-Markt** (vom Place des Ferblantiers in Richtung Koutoubia nach links, Fr vormittags geschl.) bekommen Sie frische Lebensmittel und Gewürze. Die Kochkurse sehen häufig einen Rundgang hier vor, um Zutaten zu kaufen. Es macht Spaß, in dieser bunten Atmosphäre einzukaufen oder auch nur die gigantischen

Typisch für Marokko und ein perfektes Mitbringsel: die bunten Laternen

Gewürzkegel zu fotografieren.
Viel weniger touristisch und auch sehr viel angenehmer als in den Souks sind die kleinen Geschäfte entlang der **Rue de la Kasbah**. Vormittags findet in den Seitengassen ein kleiner, authentischer Gemüsemarkt statt, auf dem u. a. hervorragende Oliven und eingelegte Zitronen verkauft werden. Außerdem gibt es hier kleine Galerien, wo man naive marokkanische Bilder, die auf Holz gemalt wurden, für wenig Geld kaufen kann. Selbst die kleinen Souvenirläden entlang der Straße sind sympathisch und verkaufen zu günstigen Preisen schöne Mitbringsel.
Ayas (11 Bis, Derb Jdid, Baba Mellah, Tel. 0524 38 34 28; www.ayasmarrakech.com, tägl. 9–21 Uhr) liegt nahe der Mellah. Seine Besitzerin Nawal verkauft hier ihre herrlichen Designs – traditionell marokkanisch, aber angepasst an westliche Körpergrößen und Vorlieben. Eine wahre Oase inmitten der Medina. Hier finden Sie hervorragende Woll- oder Seidenkaftans, Kleider, herrlichen Schmuck, Tücher und schöne Hängekleidchen für Mädchen. Es gibt eine große Auswahl an Angeboten, Nawals eigentliche Spezialität ist aber die Maßanfertigung. Sie hat sogar bereits Garderobe für zahlreiche Filmstars geschneidert.
Entlang der Rue Riad Zitoun El Jedid bieten verschiedene Geschäfte interessante Kleidung aus der Sahara und Westafrika an. Außerdem liegt hier die winzige Bijouterie **El Yasmine** (68, Rue Riad Zitoun El Jedid, Tel. 0615 29 19 29; tägl. 9–18 Uhr), die farbenfrohes Tuareg-Essbesteck mit Griffen aus Harz und Holz anbietet.
Legen Sie auf Ambiente und Authentizität weniger Wert und finden es entspannender, in einem Kaufhaus zu shoppen, sollten Sie ins **Centre Artisanal** gehen (7, Derb Baissi, Kasbah, Tel. 0524 38 18 53, tägl. 8.30–19.30 Uhr). Hier gibt es Festpreise und die Auswahl ist riesig - die Preise haben es jedoch in sich und sind meist mehr als doppelt so hoch wie im Souk. Dafür braucht man auch nicht viel Zeit und kann schnell alle Einkäufe erledigen.
Außerdem gibt es in einer Ecke eine **spezielle Ölabteilung**. Die hübschen Flaschen mit beruhigenden, süß duftenden Orangen- und Rosenextrakten können zur Parfümierung des traditionellen Arganöls verwendet werden (das ebenfalls hier erhältlich ist). Das wertvolle Arganöl wird aus den Früchten des seltenen Arganbaums hergestellt, der an der Südwestküste Marokkkos wächst. Der Baum wurde von der UNESCO unter Schutz gestellt, sein pflegendes Öl gilt als Heilmittel.

Wohin zum ... Ausgehen?

Die Kasbah ist tief in der marokkanischen Geschichte verwurzelt und gespickt mit architektonischer Pracht. Es gibt zwei einzigartige Paläste und zwei interessante Museen, die einen Besuch lohnen. Abgesehen von diesen Sehenswürdigkeiten wird hier jedoch wenig zur Unterhaltung geboten. Wenn Sie aber auf ein bisschen Glücksspiel, einen kühlen Drink oder Massagen Lust haben, finden Sie hier ein Casino, eine Cocktail-Bar und herrliche Spas zum Entspannen. Viele der Restaurants bieten ein Begleitprogramm mit Bauchtanz und Folkloremusik.

NACHTLEBEN

Le Grand Casino
Dieses altehrwürdige Art-déco-Hotel ist ein Hot Spot für abendliches Vergnüngen in der alten Medina. Besuchen Sie die Bar und danach die wunderschönen Gärten, gönnen Sie sich ein köstliches Abendessen und genießen Sie einfach die leicht dekadente Atmosphäre, für die dieses Hotel so berühmt ist.
Anschließend können Sie Ihr Glück im Casino herausfordern. Angeboten werden sämtliche üblichen Tischspiele wie Poker, Blackjack und Roulette sowie diverse Spielautomaten.
176 A3
Avenue Bab Jedid
0524 44 45 70 www.grandcasinomamounia.com
tägl. 15–5 Uhr

Eine architektonische Besonderheit ist die Medersa Ben Youssef.

Nördliche Medina

Neben dem schönsten Gebäude der Stadt gilt es auch unzählige versteckte Gässchen zu entdecken!

Seite 78–101

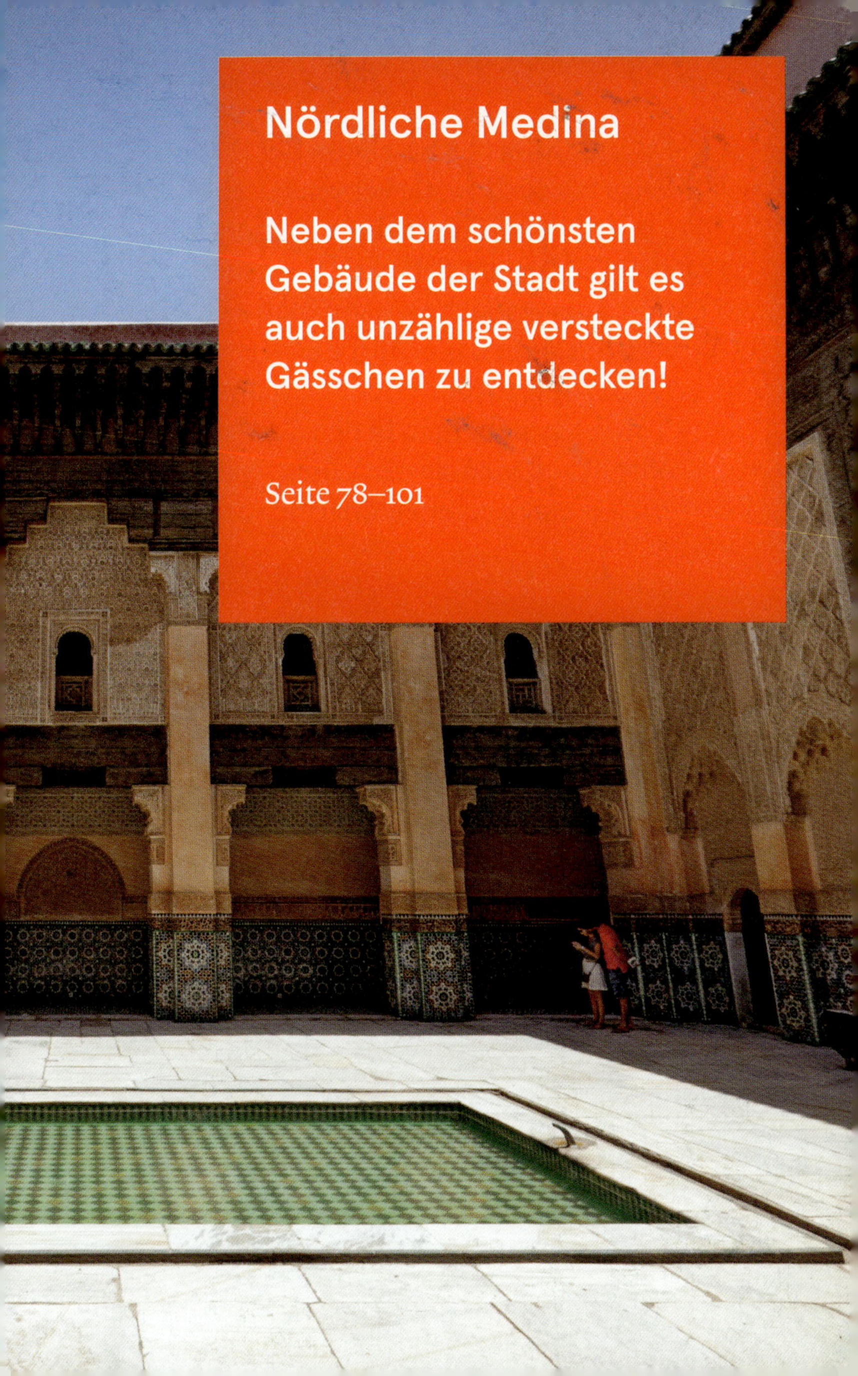

Erste Orientierung

Das traditionsreiche Viertel der Medina grenzt nördlich an die verwinkelten Souks an. In den verschlungenen, ungekennzeichneten Gassen, die sich nach Norden bis zur Stadtmauer erstrecken, kann man sich leicht verirren. Aber das gehört hier irgendwie dazu und zurück findet man immer. Touristen sieht man in den Straßen der nördlichen Medina nur selten, was dem Viertel einen eigenen Charme verleiht.

Die meisten Touristen tummeln sich bei der Medersa Ben Youssef am südlichen Rand des Viertels. Denn hier liegen alle anderen wichtigen Sehenswürdigkeiten in Gehweite dicht beieinander: darunter das Musée de Marrakech, das Maison de la Photographie, die Koubba Almoravide und das Musée Boucharouite. In der östlichen Peripherie befinden sich die alten Gerbereien, in denen nach alter Handwerkskunst Leder verarbeitet wird. Daraus werden die Lederwaren hergestellt, die es im Souk zu kaufen gibt, z. B. Handtaschen oder Poufs (Sitze).

Die nördliche Medina ist ein ruhigeres Stadtviertel und lebt von ihren Moscheen, Museen, historischen Brunnen und lebendigen Kulturzentren.

TOP 10

❷ ★★ Medersa Ben Youssef

❾ ★★ Musée de Marrakech

Nicht verpassen!

㉓ Koubba Almoravide

㉔ Maison de la Photographie

㉕ Musée Boucharouite

Nach Lust und Laune!

26 Bab el Khemis

27 Dar Bellarj

28 Chrob ou Chouf

29 Les Tanneries

30 Musée du Parfum

31 Zaouïa de Sidi Bel Abbès

Mein Tag … in den Gässchen der nördlichen Medina

Sie möchten wissen, wie Marrakechs Einwohner, die Marrakchis, leben? In den riesigen Souks und auf den Straßenmärkten kauft die einheimische Bevölkerung beim Metzger, beim Fischhändler und an Obst- und Gemüseständen ein. Es duftet intensiv nach Gerichten, die Sie bestimmt noch nie probiert haben!

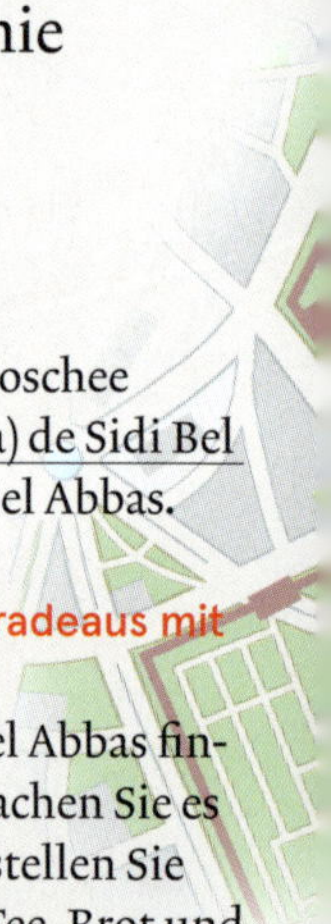

8 Uhr: Auf Schatzsuche

Auf dem Flohmarkt am 26 Bab el Khemis wird gefeilscht, was das Zeug hält. Über jede Schraube und über jedes Holzbrett wird ausführlich diskutiert! Hier gibt es einfach alles: herrliche Lampen, Möbel und Teegeschirr. Auch wenn Sie gar nicht vorhaben, etwas zu kaufen, sollten Sie früh herkommen und sich umschauen. Vielleicht finden Sie hier Ihren persönlichen antiken Schatz? Danach gehen Sie weiter in Richtung der (nicht zugänglichen) Moschee 31 Zaouïa (sprich: Sawia) de Sidi Bel Abbès an der Rue Sidi Bel Abbas.

10 Uhr: Immer geradeaus mit Kaffeestopp

Entlang der Rue Sidi Bel Abbas finden Sie kleine Cafés. Machen Sie es wie die Marrakchis: Bestellen Sie sich einen Kaffee oder Tee, Brot und Olivenöl. Das ist das übliche Frühstück hier und kostet nicht mehr als 20 DH. Je mehr Zeit Sie sich dafür nehmen, desto marokkanischer

8 Uhr: Auf Schatzsuche

Der Tag in der nördlichen Medina beginnt entspannt im Souk.

werden Sie sich fühlen. Denn wussten Sie, dass die Menschen ihr Geld am liebsten für einen guten Kaffee ausgeben? Das gehört einfach zur Lebenskultur dazu und ist das genaue Gegenteil von europäischer Hektik.

Folgen Sie dem Verlauf der Straße Richtung Süden. Sie wechselt ihren Namen zu Rue de Bab Taghzout und Rue Diour Saboun. Vielleicht zieht es Sie in das winzige 30 Musée du Parfum, aber Ihr Ziel liegt hinter der Moschee Ben Youssef: Die ehemalige Koranschule 2 ★★ Medersa Ben Youssef gehört mit ihrer überwältigenden Architektur zu den absoluten Highlights von Marrakech.

12 Uhr: Wo Kate Winslet zum Islam konvertierte

Es ist ganz sicher kein Zufall, dass ausgerechnet hier, in diesen fast schon heiligen Hallen, Kate Winslet im Film *Marrakesch* (Originaltitel: *Hideous Kinky*) zum Islam konvertierte. Denn die Medersa Ben Youssef ist ein ganz besonderer, ja spiritueller Ort.

Hinter dem unauffälligen Eingang gibt es, wie so oft in Marrakech, einen wunderschönen Innenhof und künstlerische Stuck- und Mosaikarbeiten zu entdecken. Sie haben Glück, dass Sie zur Mittagszeit hier sind, denn jetzt sind die Chancen groß, dass Sie in Ruhe hineinspüren können in die Stille

Hier kaufen die Einheimischen auf dem Markt ein, dazwischen liegen die Werkstätten von Handwerkern und Künstlern.

dieser sonst recht überlaufenen Räume. Kleiner Tipp: Auch das stille Örtchen lohnt einen Besuch. Es befindet sich im alten Hammam der Schule, ist blitzblank geputzt und bis heute mit antiken Wasserbecken und bunten Fayencen gestaltet.

14 Uhr: Kleines und sehr feines Teppichmuseum

Jetzt wird es aber Zeit für eine (Nach-)Mittagspause. Nicht allzu weit von der Koranschule entfernt liegt das kleine Restaurant Talaat. Essen Sie dort eine Kleinigkeit und genießen Sie noch einen Kaffee! Danach geht es weiter in die nächste touristenfreie Gasse – Sie folgen der Straße gen Osten bis zum Derb El Cadi und biegen dort rechts zu Ihrem letzten Stopp des heutigen Spaziergangs ab: das ㉕ Musée Boucharouite.

Der Franzose Patrick de Maillard hat sein altes Stadthaus in ein Museum für Berberteppiche verwandelt, die von Berberfrauen aus Stoffresten hergestellt werden, da

Die farbenfrohen Mosaike in der Medersa Ben Youssef fasziniern voll und ganz.

sie sich nicht die teure Wolle zum Teppichknüpfen leisten können. Die farbenfroh leuchtenden Muster gestaltet jede Berberfrau ganz individuell und folgt dabei ihrer Inspiration statt überlieferten Berber-Motiven. Die Teppiche gewinnen dadurch eine ganz eigene Aussage und werden in harmonischem Arrangement mit der Architektur des schönen Gebäudes präsentiert. Jeder einzelne Raum ist durchdacht und ästhetisch gestaltet.

Welche Geschichten in die verschiedenen Teppiche verwoben wurden, erzählt Ihnen Patrick de Maillard gern persönlich, wenn er zu Hause ist.

Kaffeepause in einem der zahlreichen Cafés

19 Uhr: Beim Johann Lafer der Marrakchis

Der Tag war lang, die Laufwege weit. Als Abschluss des Tages haben Sie sich wirklich ein wenig Luxus verdient! Folgen Sie der Rue Azbezt in die Rue Dar El Bacha und schon sind Sie zu Gast bei Chef Moha, dem berühmten Marrakecher Fernsehkoch!

In seinem herrlichen Restaurant Dar Moha (S. 98) lassen Sie den Abend ausklingen bei wohlschmeckenden Gaumengenüssen – ein kulinarisches Erlebnis, das Sie nicht versäumen sollten. Im Dar Moha müssen Sie unbedingt einen Tisch reservieren.

Dar Moha
176 B5
81, Rue Dar el Bacha
0524 38 64 00 http://darmoha.ma
tägl. 12–16 Uhr und 19.30–22 Uhr
Rechnen Sie mit rund 60–70 Euro pro Person (inkl. Wein).

❷ ★★ Medersa Ben Youssef

Warum?	Hier atmen die Mauern Geschichte
Was?	Augen auf und staunen über die Schönheit der Räume
Wie lange?	So lange Sie können
Wann?	Am besten um die Mittagszeit, wenn alle anderen essen gehen
Was noch?	Unbedingt nach oben gehen, wo die Schüler den Koran lernten
Was nehme ich mit?	Einen Eindruck von der Religion des Islams

Einfach bezaubernd!

Suchen Sie ein wenig Magie? Mitten in der Hektik der Stadt? Dann müssen Sie einfach hierher kommen. Die ehemalige Koranschule ist das schönste Gebäude der ganzen Stadt und begeistert einfach alle! Schon der Eingang wird Sie verzaubern: Durch einen schmalen, mit Kacheln verzierten Gang gelangen Sie ins Innere. Geradeaus geht es ins ehemalige Badehaus, rechts führt ein überdimensional großes Tor in den Innenhof der Koranschule. Die Architektur ist atemberaubend! Außerdem ist die Koranschule einer der wenigen religiösen Orte in Marrakech, die Nicht-Muslime betreten dürfen. Die Ben Youssef Medersa wurde im 14. Jh. gegründet und um 1565 durch die Saadier umgebaut. Sie war einst die größte Koranschule Nordafrikas, in der bis ins Jahr 1960 gelehrt wurde. In der Mitte dieses großzügigen Zentralbereichs befindet sich ein rechteckiges Becken, das für rituelle Waschungen benutzt wurde. Den Innenhof selbst schmücken bunte Kachelmuster und feine Stuckarbeiten. Der andalusische Einfluss ist in den dekorativen Elementen und im Baustil deutlich

Filigrane Stuckarbeiten schmücken das Fenster eines ehemaligen Schlafsaals.

erkennbar. Vermutlich waren Handwerker, die an der Alhambra in Granada gearbeitet haben, auch hier am Werk.

Der zentrale Innenhof ist ein spiritueller Ort.

Religiöser Zweck

Übersehen Sie bei aller Bewunderung der Schönheit des Gebäudes nicht seinen eigentlich religiösen Zweck. Ursprünglich war die Schule Teil der Ben-Youssef-Moschee, der ältesten Moschee Marrakechs, der zweitgrößten nach der Koutoubia. Im Obergeschoss paukten die Schüler den Koran, unter den mit Pfeilern gestützten Galerien am Wasserbecken wurde gelehrt. Am hinteren Ende des Innenhofs liegt die Gebetshalle. Unter ihrer Kuppel versammelte man sich einst zwischen aufwendig geschnitzten Koraninschriften sowie Palmblättern und Pinienzapfen aus Zedernholz zum Gebet.

KLEINE PAUSE

Stärken Sie sich mit einem frisch gepressten Saft oder Minztee auf der Terrasse des Café-Restaurants **Jad Jamal.**

Gegenüber der Medersa Place Ben Youssef

✢ 176 C5 ✉ Place Ben Youssef
☎ 0524 44 18 93
● tägl. 9–17 Uhr

Hinweis: Die Koranschule ist bis Anfang 2020 geschlossen.
50 DH

9 ★★ Musée de Marrakech

Warum?	Ein Höhepunkt maurischer Baukunst
Was?	Kleiner Einblick in die Berberkultur
Wie lange?	Eine Stunde
Wann?	Am besten mit dem Besuch der Medersa Ben Youssef verbinden
Was noch?	Überdachter Innenhof mit Brunnen und Mosaiken
Resümee	Hier ist das Gebäude die Hauptattraktion.

Verträumt liegt das Innenhof der ehemaligen Küchen im einfallenden Sonnenlicht.

Ein überwältigendes Gebäude

Nur ein paar Schritte entfernt von der Medersa Ben Youssef (S. 88) steht noch so ein großartiger Palast aus dem ausgehenden 19. Jh.! Sein Erbauer war der ehemalige Kriegsminister Sidi Mehi el Mnebbi.

Finanziert vom Kunstmäzen Omar Benjelloun, wurde das prachtvolle Bauwerk von Grund auf restauriert, das bis in die 1990er-Jahre eine Mädchenschule war. 1997 wurde der prächtige Bau zum Museum für die hochkarätige Sammlung historischer, ethnografischer und archäologischer Exponate von Omar Benjelloun umgewandelt. Erhalten geblieben sind das Hammam und die früheren Küchen.

Klarheit und künstlerischer Ausdruck

Im angenehm klimatisierten und überdachten Innenhof können Sie unter dem gigantischen Leuchter auf bequemen Stühlen am Springbrunnen sitzen. Traditionelle Hintergrundmusik unterstreicht die ruhige Atmosphäre. In den Salons und Bogengängen ist eine interessante Dauerausstellung islamischer Kunst zu sehen. Neben arabischen Kalligrafien und einigen uralten Koranbüchern finden Sie islamische Münzen aus dem 8. Jh. Ferner sind in dieser Abteilung auch traditionelle Trachten wie Kaftane aus Fès und ländliche Kleidung aus dem Atlasgebirge ausgestellt. Die interessanten Exponate sind ästhetisch ansprechend präsentiert.

So edel waren die Salons ausgestattet.

Das Besondere am Musée de Marrakech sind jedoch die Wechselausstellungen moderner Kunst, die in der ehemaligen Palastküche gezeigt werden. Ausgestellt werden neben Fotografien und Schmuck auch wichtige Werke marokkanischer Künstler der Gegenwart.

KLEINE PAUSE

Gönnen Sie sich eine Pause im reizenden Café im Innenhof des Museums.

---

176 C5
Place Ben Youssef ☎ 0524 44 18 93;
www.museedemarrakech.ma

tägl. 9.30–18.30 Uhr
30 DH
Café

i

㉓ Koubba Almoravide

Warum?	Das einzige erhaltene Bauwerk der Almoraviden
Was?	Filigrane Verzierungen und Ornamente der Kuppel
Wie lange?	Eine halbe Stunde reicht
Wann?	Morgens oder gegen Abend, wenn es kühler ist
Was nehme ich mit?	900 Jahre alte Baukunst der Stadtgründer

Mächtiges Erbe

Die Koubba ist der Rest eines Badehauses, das einst zur Moschee gehörte.

Koubba ist Arabisch und bedeutet Kuppel. Und genau das ist die almoravidische Koubba auch. Wer waren die Almoraviden noch einmal? Richtig: das erste berberische Großreich in Marokko (1062–1145). Sie waren die Gründer der Stadt Marrakech und das einzige Bauwerk, das noch aus dieser Zeit stammt, ist diese Kuppel. Dass sie so gut erhalten ist, verdankt sie dem Umstand, dass sie lange Zeit unter der Erde lag. Erst 1948 wurde sie entdeckt und schließlich 1952 freigelegt und renoviert. Auf den ersten Blick wirkt dieses von wilden Rosen überwucherte und von streunenden Katzen belagerte Gebäude wenig reizvoll – doch es lohnt sich, genauer hinzuschauen. Achten Sie auf Ihre Schritte (und die französischen Hinweisschilder), wenn Sie die ungleichmäßigen Stufen zum früheren Straßenniveau hinabsteigen. Nehmen Sie sich Zeit für die Besichtigung. Hier unten gibt es kaum Schatten, deshalb sollten Sie einen Sonnenschutz verwenden.

KLEINE PAUSE

Zurücklehnen und mit einer guten Tasse Tee den Blick auf die Koubba genießen: Das kann man im **Café Jad Jamal** nebenan.

---

i

176 C5

Place de la Kissaria

tägl. 9–13.30 Uhr, 14.30–18 Uhr

10 DH

㉔ Maison de la Photographie

Warum?	Marrakech in Schwarz-Weiß
Was?	Eine Zeitreise durch Marrakechs Geschichte
Wie lange?	Einige Stunden
Wann?	Am besten ab Spätnachmittag, wenn keine Gruppen da sind
Was nehme ich mit?	Einen neuen Blick auf Marrakech

Marrakech im Spiegel der Fotografie

Etwas versteckt hinter der Medersa Ben Youssef liegt ein kleines, eher unscheinbares Haus. Außen rot, im Innenhof aber strahlend weiß. Schwarz-Weiß-Fotografien aus der Geschichte Marrakechs und Marokkos, wohin man auch schaut – und schwupps ist man in einer anderen Welt, die es heute nicht mehr gibt. Patrick Manac'h kaufte zahlreiche historische Fotografien auf, entwickelte die Negative und zog die Bilder auf große Leinwände auf. Der Fundus an Bildmaterial ist riesengroß, und so wechselt die Ausstellung immer wieder thematisch. Auch gibt es kleine Filme aus den letzten 160 Jahren zu sehen sowie sehr sehenswerte Porträts. Nicht nur die Dachterrasse, auch den kleinen Museumsshop sollte man sich nicht entgehen lassen: Hier kann man als Souvenir Reproduktionen der Fotos kaufen, die man im Museum gesehen hat.

Eintauchen in längst vergangene Zeiten und Epochen

KLEINE PAUSE

Auf der Dachterrasse kann man sich nicht nur an einem schönen Ausblick ergötzen, sondern auch im dortigen Café eine kleine Pause machen.

---

177 D5
46, Rue Ahal Fès
0524 38 57 21
www.maison-delaphotographie.ma
tägl. 9.30–19 Uhr
40 DH

㉕ Musée Boucharouite

Warum?	Teppichkunst der Armen
Was?	Lebensgeschichten in Teppiche verwoben
Wie lange?	Zwei, drei Stunden
Wann?	Immer außer sonntags
Was noch?	Ein kleiner, aber feiner Museums-Shop
Was nehme ich mit?	Recycling ist Kunst. Manchmal. Aber hier immer.

Teppiche erzählen Lebensgeschichten

Boucharouite ist ein Begriff aus der Berbersprache und bedeutet: Stoffreste. Bei den Berberfrauen gibt es ist eine relativ neue und doch auch alte Kunst, aus diesen Resten Teppiche herzustellen.

Knallbunt, ungewöhnlich und wild wirken die Boucharouite-Teppiche aus den vielen leuchtenden Stoffen, die in den Räumen dieses zauberhaften kleinen Privatmuseums im Riad von Patrick de Maillard ausgestellt werden. Die Techniken variieren – meist wird innerhalb eines Teppichs sowohl gewebt als auch geknüpft, und da die Boucharouite-Teppiche etwas ganz Neues sind, folgen die Frauen auch eher selten traditionellen Mustern.

Jeder einzelne Teppich erzählt ein Stück der Lebensgeschichte der Frau, die ihn gefertigt hat. Es bedurfte schon einiger Überredungskunst, Patrick die Teppiche zu überlassen, denn die Frauen schämten sich für ihre Armut und dass sie sich keine Wolle für Teppiche leisten konnten. Der Besuch des kleinen Museums mitsamt Café und Dachterrasse lohnt sich; nehmen Sie sich ruhig etwas mehr Zeit dafür.

KLEINE PAUSE

Nur einen fünfminütigen Spaziergang entfernt liegt das Restaurant **Jad Jamal** (S. 98). Genießen Sie bei einer Tasse Tee marokkanische Kleinigkeiten.

---

i

177 C/D4/5
107 Derb el Cadi

tägl. außer So 9.30–18 Uhr
70 DH

Yela und der fliegende Teppich

AnaYela ist ein 300 Jahre alter Stadtpalast in der Medina. Er erzählt die Geschichte des Mädchens Yela, das einst in diesem Haus lebte. Yela verliebte sich in einen jungen Mann, mit dem sie auf einem fliegenden Teppich über den Nachthimmel von Marrakech flog. Der heutige Riad ist ein Gesamtkunstwerk im marokkanischen Design. Den fliegenden Teppich können Sie von der Dachterrasse aus erahnen, sobald die Sterne am Himmel funkeln.

Riad AnaYela €€, Kaa El Mechra, Derb Zawal, Tel. 0524 38 69 69, www.anayela.com

Nach Lust und Laune

26 Bab el Khemis

Das Bab el Khemis ist nur eines der vielen Stadttore der Stadtmauer, die die Medina von der Neustadt trennt. 19 km ist die Muraille (franz. Stadtmauer) lang und bis zu 10 m hoch. Sie wurde 1126 erbaut und seither immer wieder erneuert und restauriert. Alle Tore sind wunderschön. Das Besondere am Bab el Khemis ist jedoch der Flohmarkt, auf dem man allerhand Altes und Neues, Wertvolles und vollkommen Wertloses finden kann. Aber vielleicht finden Sie auch einen ganz besonderen Schatz!

172 C2
Markt tägl. außer Fr vormittags

27 Dar Bellarj

Das Kulturzentrum »Storchenhaus« liegt unmittelbar nördlich der Medersa Ben Youssef in Richtung Ben-Youssef-Moschee. Im Haus befand sich früher eine Tierklinik für Störche, die in Marrakech als heilig verehrt wurden. Der Besuch lohnt sich vor allem, wenn gerade eine Veranstaltung oder Ausstellung im Programm ist. Informieren Sie sich in der Lokalzeitung.

Der Storch am Dar Bellarj stammt aus der Zeit, als hier eine Tierklinik untergebracht war.

176 C5 9, Rue Toulat Zaouiat Lahdar 0524 44 45 55
Mo–Sa 9.30–17.30 Uhr frei

28 Chrob ou Chouf

Der Name dieser öffentlichen Quelle ist von einer ihrer arabischen Inschriften abgeleitet und bedeutet »Trinke und schaue«. Sultan Ahmed El Mansour (1578–1603), der mächtigste aller Saadier-Herrscher, ließ sie einst erbauen. Dass er die Quelle öffentlich zugänglich machte, hatte den praktischen und zugleich spirituellen Zweck, seinem Volk die im Koran vorgeschriebene körperliche Reinlichkeit zu ermöglichen. Gleichzeitig konnte er sich als Wohltäter und Gebildeter präsentieren. Die Quelle entspringt in einer Nische unter einem wunderschönen Balken mit Schnitzwerk.

176 C5 direkt an der Rue Bab Taghzout

29 Les Tanneries

Wer noch nie ein Gerberviertel gesehen hat, kann hier zumindest einen kleinen Eindruck von dieser Arbeit bekommen. Doch wirklich lohnenswert ist das nicht. Und wer gar so malerische Gerbereien erwartet, wie man sie in Fès findet, wird ganz sicher enttäuscht. Dennoch kann es ganz interessant sein, einmal zu sehen, wie Leder gefertigt wird. Doch nehmen Sie sich am besten einen Führer mit. Zum einen sind die Tanneries gut versteckt, zum anderen werden Sie die wartenden Führer sonst kaum los. Der Führer kann Ihnen auch erklären, wie das Gerben funktioniert.

173 D1, Rue Bab Debbagh · tägl. außer Fr vormittags · frei, Trinkgeld

30 Musée du Parfum

Schon von Weitem duftet es fein aus diesem schönen Altstadthaus. Der Privatier Abderrazak Benchaabane hat in seinem Riad ein kleines Paradies orientalischer Düfte geschaffen. Im oberen Stockwerk kann man sich über Parfüm und Parfümöle informieren. Auch die Dachterrasse mit wunderbarem Ausblick über die Stadt ist zugänglich. Das Highlight ist die Parfumwerkstatt mit zahlreichen Duftproben. Hier darf jeder Besucher seinen persönlichen Duft kreieren. Für Liebhaber von Düften ist dieses versteckt gelegene kleine Museum eine Entdeckung.

172 C1 · Derb Sherif Diour Saboun
www.lemuseeduparfum.com
tägl. 9–17.30 Uhr · 40 DH

31 Zaouïa de Sidi Bel Abbès

Nicht-Muslime können lediglich einen Blick auf den großen, offenen Innenhof und die Moschee mit Koranschule erhaschen, dürfen die religiösen Anlagen der Wallfahrtsstätte aber nicht betreten.
Sidi Bel Abbès lebte im 12. Jh. und wurde zum bedeutendsten der sieben Stadtheiligen, deren Gräber seit dem 17. Jh. zum beliebten Pilgerziel geworden sind. Es heißt, Sidi Bel Abbès habe Blinden das Augenlicht wiedergeben können. Auch heute noch kommen Blinde und Menschen mit Behinderung hierher.

172 B2 · Ecke Rue Sidi Ghanem und Rue Bab Taghzout · kein Zutritt für Nicht-Muslime

Das grün gekachelte Dach und der weitläufige Innenhof sind die markanten Kennzeichen der Moschee Zaouïa de Sidi Bel Abbès.

Wohin zum ... Essen und Trinken?

Preise für ein Hauptgericht ohne Getränke:

€	unter 170 DH
€€	170–340 DH
€€€	über 340 DH

Beats Burger €/€€
Mal etwas ganz anderes im marokkanischen Speisealltag? Dann ist das Beats Burger perfekt! Mitten im nördlichen Souk gelegen ist dieses kleine Restaurant etwas exotisch, aber lecker! Burger, Bagels und Cheesecake!
176 C5
Souk Jeld Kimakine
0666994789 www.beatsburger.com
mittags und abends geöffnet

Dar Marjana €€€

Hier werden die Hüften geschwungen.

Ein etabliertes Restaurant der Oberklasse, das marokkanische Menü wird vom höflichen Personal in Begleitung musikalischer und tänzerischer Folklore serviert. In diesem exquisiten Riad können Sie im ersten Stock auf der Galerie oder im Innenhof essen. Das Essen ist ebenso gut wie das Umfeld und ein, zwei Cocktails im Hof vor dem Essen sind ein absolutes Muss.
176 B5
15, Derb Sidi Ali Tair, Bab Doukkala
0524 38 57 73 www.darmarjana.com
Mi–Mo 19–23 Uhr

Dar Moha €€€
Eines der bekanntesten Restaurants von Marrakech. Eigentümer und TV-Koch Mohammed serviert seine gute marokkanische Nouvelle Cuisine in einer luxuriösen Villa aus dem frühen 20. Jh. Versuchen Sie, für einen romantischen Abend einen Tisch am Pool im Garten zu ergattern. Die Fünf-Gänge-Menüs bestehen aus leichten, innovativen marokkanischen Gerichten. Die Mittagsmenüs sind günstiger. Eine Reservierung ist unbedingt erforderlich.
176 B5
81, Rue Dar El Bacha
0524 38 64 00 http://darmoha.ma
tägl. 12–16, 19.30–22 Uhr

Dar Zellij €€€
Angeboten werden diverse Menüs. Alle umfassen Tajines, Salate und Couscous. Das reizende traditionelle Riad verfügt über einen weiß getünchten Innenhof und zahlreiche heimeligere Alkoven. Genießen Sie einen Aperitif auf der Dachterrasse und ein Essen bei arabisch-andalusischer Musik. Ideal für einen gelungenen romantischen Abend.
172 B2
1, Kaasour, Sidi Ben Slimane
0524 38 26 27 www.darzellij.com
Mi–Mo 19.30–23.30, Mittagessen Fr–So ab 12 Uhr, So Brunch 11–15 Uhr

Le Foundouk €€€
Le Foundouk ist ein etabliertes Spitzenrestaurant mit verlässlich guter Küche. Das düstere Interieur mit spärlicher Beleuchtung ist nachts besonders stimmungsvoll.Die Abendkarte bietet eine große Auswahl französischer und marokkanischer Kost.
176 C5
55, Rue Souk des Fassi, Kat Bennahïd
0524 37 81 90 www.foundouk.com
Di–So 19–24 Uhr

Jad Jamal €
Einfaches Restaurant, aber in einer super Lage direkt gegenüber der Koubba Almoravide. Hier sitzt man mit großartigem Blick auf das alte Badehaus, kann marokkanische Kleinigkeiten essen oder auch einfach nur einen Tee trinken.
176 C5
Place Ben Youssef
0524 375623 tägl. 10–22 Uhr

Kui Zin €
Modernes Restauarnt mit klassisch marokkanischen Gerichten. Nicht überteuert, aber auch nicht total günstig, gutes Essen. Es gibt eine hübsche Dachterrasse und auch nur Snacks, wenn man nicht allzu viel essen möchte.
176 B/C5
Rue Amsafah 0524 39 09 84
www.kui-zin.com tägl. 11-23 Uhr

Le Jardin €
Dieser nette Mix aus Gartencafé, Loungebar und Restaurant wird vom charmanten Kamal Laftimi geführt. Eine Oase in der Medina und ein toller Ort für einen entspannten Nachmittag. Es hat einen Innenhof mit Bäumen, eine kleine Dachterrasse und einige herrliche halboffene Bereiche im Innenraum. Eine tolle Option für einen Minztee oder ein leichtes Mittagessen.
176 C5
32, Derb Sidi Abdelaziz, Souk Jeld
0524 37 82 95
https://lejardinmarrakech.com

La Maison Arabe €€
Dieses Riad-Restaurant wurde in den 1940er-Jahren eröffnet und gehört zu den ältesten der Stadt. Die zwei Restaurants (marokkanisch und französisch-asiatisch) wirken mit ihrer kolonialzeitlichen Atmosphäre ein wenig verstaubt, die Gerichte à la carte sind jedoch sehr gut. Starten Sie mit einem der ausgezeichneten Cocktails und einigen asiatisch inspirierten Tapas in der Bar Le Club in den Abend. In einigen Ecken des alten Riads ist es so gemütlich, dass man sich wie zu Hause fühlt. Freundlicher Service und Snack-Bar am Pool mit leichten Gerichten à la carte.
176 A5
1, Derb Assehbe, Bab Doukkala
0524 38 70 10 www.lamaisonarabe.com
tägl. 12–15, 20–23 Uhr

Souk Café €
Ein sehr nettes Café mit kleiner Speisekarte, das sich in der nördlichen Medina über mehrere Etagen erstreckt. Die Einrichtung ist afrikanisch inspiriert, die Atmosphäre gelockert. Vor allem ganz oben auf der Dachterrasse kann man herrlich sitzen, sich den Wind um die Nase pfeifen lassen und den Ausblick auf die Dächer Marrakechs genießen.
176 C5
Derb Jedid 0662 61 02 29
tägl. 9–23 Uhr

Wohin zum … Einkaufen?

Während das Einkaufen in den südlicheren Souks hektisch sein kann, geht es in diesem Teil der Medina deutlich ruhiger zu. Auf der **Rue Dar El Bacha**, die zu den belebtesten Straßen hier gehört, sind die Antiquitätenläden versammelt. Wer etwas Ausgefallenes sucht, geht zum faszinierenden Lebensmittelmarkt am Bab Doukkala oder auf den Flohmarkt (marché aux puces) im **Souk El Khemis**, direkt an der nördlichen Stadtmauer. Der Flohmarkt findet unter freiem Himmel im **Souk El Khemis** statt (beim Bab el Khemis Tor, tägl. 8–12 Uhr). Kommen Sie früh, wenn Sie Schnäppchen suchen; die besten Chancen haben Sie donnerstags und sonntags. Und seien Sie darauf gefasst, dass Sie eine Menge wertloses Zeug durchwühlen müssen, um besondere Schätze zu finden. Der tägliche Lebensmittelmarkt am **Bab Doukkala** (Rue Bab Doukkala) ist bunt und

Auf allen marokkanischen Märkten duftet es herrlich nach allerlei Gewürzen.

unterhaltsam, egal ob Sie einkaufen oder sich nur umschauen.
Der Buchladen Librairie Dar El Bacha (2, Rue Dar El Bacha, Tel. 0524 39 19 73; tägl. 9–19 Uhr) ist auf französische Kunst, Literatur und Kultur spezialisiert und unterhält ein kleines Kulturzentrum.
Die Kunstgalerie Khalid (14, Rue Dar El Bacha, Tel. 0524 44 24 10, tägl. 9–20 Uhr, Fr vormittags geschl.) stellt gute Handwerksarbeiten aus. Der Laden voller Schmuck, Textilien und Teppiche ist einen Besuch wert.
Sehr schön und unbedingt zu besuchen ist die Galerie Dawiya (Rue Dar el Bacha, Tel. 0661 92 22 07); die kleine Verkaufsgalerie mit Bildern von marokkanischen Künstlern hat eine enorme Auswahl und bietet die Werke zu sehr fairen Preisen an.
In der kleinen wie hübschen Librairie du Musée de Marrakech (Place Ben Youssef, Tel. 0524 44 18 93, tägl. 9–18.30 Uhr) finden Sie Ausstellungskataloge, Kunst- und Kochbücher, T-Shirts und Postkarten.
Handgewebte Schals, jeder ein Unikat, finden Sie in der Weberei gegenüber des Maison de la Photographie. TW – Traditional Weaving nennt sich der kleine Laden, der tägl. außer freitags über Tag geöffnet hat.
Ein außergewöhnlich guter und kreativer Designer und Schneider ist M. Abdellatif, der im Souk am Ende der Rue Souk Semmarine seinen kleinen Laden hat: Caftan Soltana. Hier verkauft er seine eigenen Kreationen, oftmals edelste Stoffe, herrlich verarbeitet und jedes Stück einzigartig. Bei Wunsch auch nach Maß (Rue Souk Semmarine/Ecke Rue Azbezt, Tel. 0666 77 75 38, nur wenige Schritte von der Koubba Almoravide entfernt). Rufen Sie an, wenn Sie den Laden nicht finden. M. Abdellatif spricht fließend Deutsch und ist super hilfsbereit, ohne aufdringlich zu sein.
Im Riad AnaYela in der nördlichen Medina nahe dem Bab el Khemis befindet sich die einzige Filiale des Design-Labels Abury (www.abury.net) in ganz Marokko. Bemerkenswert sind nicht nur die modernen Taschen, die nach traditionellen Berbermustern gefertigt werden; auch die soziale Verantwortung, die Abury übernimmt, verdient Beachtung. Denn die Taschen werden an Nähschulen im Hohen Atlas gefertigt, die Abury gegründet hat. So sichert das Berliner Unternehmen Mädchen eine berufliche Zukunft und unterstützt gleichzeitig auch die Familien in den Bergen Marokkos.

Wohin zum ... Ausgehen?

Außerhalb der Riads und Hotels gibt es praktisch kein Nachtleben. Die hart arbeitenden Bewohner dieses traditionellen marokkanischen Wohnviertels haben wenig Freizeit. Einige wenige verstreute Bars und kulturelle Treffpunkte (Dar Bellarj und Dar Cherifa (S. 96) bieten gelegentlich Abendveranstaltungen an. Kommen Sie tagsüber für einen Kochkurs hierher oder besuchen Sie den Cyberpark.

Derb el Ferrane

Das kleine Kulturzentrum im Viertel Riad Laarous organisiert unterschiedlichste Veranstaltungen, Ausstellungen, Konzerte, Lesungen. Das abwechslungreiche Programm findet sich auf
www.facebook.com/le18marrakech/

Cyber Parc Arsat Moulay Abdeslam

Der königliche Garten mit uraltem Palmenbestand wurde u. a. von Philips und Microsoft zu einem »Cyberpark« umgewandelt. Im 8 ha großen Park ist WLAN verfügbar und es gibt ein Haus mit Internetterminals, die allerdings nicht immer betriebsbereit sind. Sie treffen hier Einheimische, die den verstopften Straßen entfliehen und durch die wunderschön angelegte moderne Gartenanlage spazieren oder an den Springbrunnen und im Schatten der Orangenbäume entspannen.
175 E4
Avenue Mohammed V
(Eingang gegenüber Ensemble Artisanal)
www.arsatmoulayabdeslam.ma
tägl. 9–19 Uhr
frei

Dar Bellarj
Hin und wieder finden in dem schönen »Storchenhaus« abends Konzerte oder Vernissagen statt. Das Programm ist vielseitig und immer interessant. Aktuelle Veranstalterhinweise finden sich auf
🌐 www.facebook.com/darbellarj/

Piano Bar
Die stilvolle Pianobar im Maison Arabe ist der ideale Ort, um mit leckeren Cocktails oder einem guten Wein den Abend zu beginnen oder zu beschließen.
175 F5
✉ 1, Derb Assebhe, Bab Doukkala
☎ 0524 38 70 10 🌐 www.lamaisonarabe.com
tägl. 18.30–23 Uhr

KOCHKURSE

Riad Enija
Bei den eintägigen, sehr empfehlenswerten Kursen wird speziell auf Ihre Fragen eingegangen: Erfahren Sie, wie lockeres Couscous zubereitet wird oder wie man die richtigen Gewürze zu den verschiedenen Gerichten auswählt. Nach dem Besuch auf dem Gewürzmarkt erhalten Sie eine private Kochstunde in der Küche des Riads (das auch ein Kochbuch mit wunderschönen Fotografien und Rezepten herausgegeben hat). Dank kleiner Gruppen und einer unterhaltsamen Anleitung sind die Kurse stets ein besonderes Erlebnis. Auch Nicht-Übernachtungsgäste können mitmachen; Reservierung empfohlen.
176 C4
✉ 9, Derb Mesfioui, bei Rahba Kedima
☎ 0524 44 09 26 🌐 www.riadenija.com

La Maison Arabe
Die Workshops finden im zauberhaften Garten einer Villa statt, die nur 20 Minuten außerhalb der Medina liegt. Das Kochen soll in erster Linie Spaß machen, die Teilnehmer dürfen ihre Kreationen mittags verspeisen. Kleine Gruppen und jede Menge Anregungen und Einkaufstipps für Gewürze und Tajines.
176 A5
✉ 1, Derb Assebhe, Bab Doukkala
☎ 0524 38 70 10 🌐 www.lamaisonarabe.com
Kurse 10–16 Uhr

Nicht verwirren lassen: Alle Schmorgerichte, die in den Tajine zubereitet werden, heißen auch Tajine.

Über den Dächern: Von den Rooftop-Bars genießt man die Aussicht über die Ville Nouvelle.

Ville Nouvelle

Wo der Orient mit dem Okzident verschmilzt: unterwegs in Marrakechs schicken Neustadtvierteln

Seite 102–125

Erste Orientierung

Nur einen Steinwurf von der alten Medina entfernt liegen Marrakechs moderne Stadtviertel. Neben den bemerkenswertesten Parks der Stadt gibt es hier zahlreiche hippe Boutiquen und Restaurants zu entdecken.

Die Ville Nouvelle bzw. Neustadt mit ihren breiten, begrünten Prachtstraßen wurde von den Franzosen zwischen 1912 und 1956 erbaut. Einst umfasste sie Guéliz und Hivernage, doch inzwischen dehnt sie sich über die Palmeraie und noch weiter aus.

In der Palmeraie und dem ganzen Umland Marrakechs lassen internationale Unternehmen Palmenwälder roden. Sie weichen groß angelegten Freizeitparks mit Casinos und Nachtclubs, die Teil des königlichen Entwicklungsplans für das Marrakech des 21. Jhs. sind. Marrakech zeigt sich hier von seiner modernsten Seite.

Für Touristen ist die Ville Nouvelle ein überraschender Kontrast zur Altstadt mit ihren historischen Baudenkmälern. Shoppen, chillen, ausgehen, das Flair der Großstadt erleben – all das bieten die beiden Stadtteile Guéliz und Hivernage mit einem breiten Angebot an ausgefallenen Geschäften, coolen Klubs und Bars.

TOP 10

3 ★★ Jardin Majorelle

10 ★★ Musée Yves Saint Laurent

Nicht verpassen!

32 Guéliz

33 Hivernage

34 Jardin Ménara

Nach Lust und Laune!

35 Musée de l'Eau

36 Musée de la Palmeraie

37 Église des Saints-Martyrs

38 Théâtre Royal

39 La Palmeraie

Mein Tag … in Marrakechs moderner Welt

Zeitensprung! Neben der alten Medina mit ihrem orientalischen 1001-Nacht-Feeling, den Tänzern, Musikern und Feuerspuckern, gibt es eine futuristische Parallelwelt mit Shopping-Malls, Freizeitparks, Lounge-Bars und Rooftops, Discos und Designer-Shops. Es sind zwar nur ein paar Hundert Meter, die diese beiden Welten voneinander trennen, und doch reisen Sie hier in ein anderes Zeitalter.

10 Uhr: Mit dem Fahrrad in die Ville Nouvelle

Vor 10 Uhr brauchen Sie gar nichts zu tun. Denn um diese Zeit schläft der Stadtteil Guéliz noch. Eigentlich ist auch um 10 Uhr noch nicht wirklich viel los im schicken Teil von Marrakech, dem Shopping-Eldorado der Stadt.

Schnappen Sie sich trotzdem bei der Koutoubia ein Fahrrad von Medina Bike (S. 159) und radeln Sie nach 32 Guéliz zum Marrakech Plaza (Place du 16 Novembre). Hier können Sie das Fahrrad wieder abgeben. Jetzt gibt es erst einmal im Café 16 (S. 122) den am besten aufgeschäumten Cappuccino, den Marrakech zu bieten hat.

Dazu einen dieser deliziösen kleinen Kuchen. Das sind kleine Kunstwerke, von denen es eine große Auswahl gibt. So genüsslich kann ein schöner Tag beginnen!

14 Uhr: Abtauchen ins Blau

Place du 6 Novembre ist ein beliebter Treffpunkt und Ausgangspunkt zum Shoppen.

11 Uhr: Moderne Kunst

Langsam erwacht die Neustadt. Gehen Sie ein Stück nach Norden und biegen dann links in eine der Seitenstraßen ab. Die Rue Yougouslavie ist eine Parallelstraße zur Avenue Mohammed V. Hier reiht sich eine Galerie an die andere. Moderne Kunst ist schwer angesagt in Marrakechs Neustadt und hier findet man sie in großer Dichte. Lassen Sie sich Zeit und schauen Sie sich um – das ist Marrakech 2.0. Die moderne Seite der Stadt mit ihrer großstädtischen Architektur ist ganz am Puls der Zeit. Dort, wo die Rue Yougouslavie wieder auf die Avenue Mohammed V stößt, überqueren Sie die Straße. Nicht weit von hier liegt das Amal-Center (S. 122) etwas versteckt in einer Seitenstraße. Was für ein tolles Non-Profit-Unternehmen! Alleinstehende und benachteiligte Frauen bekommen Arbeit in der Küche und im Restaurant, die gut bezahlt wird. Ein wichtiger Beitrag für die Sicherung des Lebensunterhaltes dieser Frauen.

Im modernen Innenhof des Centers können Sie eine Pause einlegen und unter täglich wechselnden, köstlichen Gerichten wählen.

14 Uhr: Abtauchen ins Blau

Es ist gar nicht schlecht, sich in einer Seitenstraße ein Taxi zu rufen. Denn dann hält der Fahrer Sie

In Guéliz begegnen sich Tradition und Moderne in einem spannenden Gegensatz.

So besondere Designerschuhe findet man ganz sicher nur in der Ville Nouvelle.

für einen europäischen Marrakchi und die Preise sind günstiger.

Freuen Sie sich auf das einzigartige Sinneserlebnis, das Sie gleich im ❸ ★★ Jardin Majorelle erwartet: ein leuchtend grün-blauer Park und das ❿ ★★ Museum Yves Saint Laurent – das neueste und schickste, was Marrakech an Kultur zu bieten hat. Allein die moderne Architektur des Museums mit ihren traditionellen Elementen ist atemberaubend, die Ausstellung von Kunstwerken, Bildern und Kleidern aus den Kollektionen von Yves Saint Laurent unübertrefflich! Eine Bibliothek und ein Café gehören ebenfalls dazu. Der Besucherandrang ist groß, deshalb sollten Sie genügend Zeit für Ihren Besuch einplanen. Tipp: Besichtigen Sie zuerst den Jardin Majorelle, weil dieser früher schließt als das Museum Yves Saint Laurent.

In vielen Klubs und Restaurants spielen Livebands.

18 Uhr: Im schicken Teil von Marrakech

Am Jardin Majorelle finden Sie wieder eine Fahrradstation. Dieses Mal radeln Sie einmal quer durch ㉜ Guéliz zur Opéra. Dort können Sie das Rad wieder abgeben.

Vor Ihnen liegt Marrakechs Pracht-Boulevard Avenue Mohammed VI – breit, mit einem grünen Mittelstreifen und unzähligen hellen Fenstern an den erleuchteten Bürogebäuden. Sie ist das Rückgrat von Guéliz und verbindet die Neustadt mit der Medina. Entlang der Südseite der Oper reiht sich ein Café ans andere. Große Sterne-Hotels, der Palais des Congres und andere prachtvolle Bauten befinden sich auf der anderen Straßenseite. Sie flanieren die Straße entlang, an deren Ende Sie sich nach links wenden in Richtung Medina. Beim nächsten Kreisel geht es wieder nach links: Sie sind im Palais Jad Mahal (S. 123) angekommen, einem der angesagtesten Klubs von ganz Marrakech im Stadtteil ㉝ Hivernage! Jetzt ist Nightlife angesagt!

20 Uhr: Start in eine lange Nacht

Gut, wenn Sie vorher einen Tisch reserviert haben. Aber um diese Uhrzeit haben Sie an einem gewöhnlichen Wochentag auch gute Chancen auf einen freien Tisch. Im

Nightlife in Marrakech

Palais Jad Mahal gibt es gutes, wenn auch sehr teures Essen, und Sie erwartet hier eine irre Stimmung. Jeden Abend spielen Livebands, und wer will, kann tanzen. Nach dem Essen versteht sich. Sie schauen sich erst einmal um, lassen alles auf sich wirken und dann ... hält Sie nichts mehr! Los geht's direkt ins marokkanische Nachtleben, das so aufregend wie modern ist und dennoch Marrakech, wie es leibt und lebt!

Am Wochenende sind Restaurants, Nachtcafés und Bars gut gefüllt, denn Marrakechs Jugend feiert ebenfalls sehr gern und ausgiebig.

i

Palais Jad Mahal
175 E3
10 Rue Haroune Errachid
0524 43 69 84 www.palaisjadmahal.net
Menu Marocain oder Thai:
je 550 DH (ca. 50 Euro) plus Getränke

❸ ★★ Jardin Majorelle

Warum?	Ein kleines Paradies
Was?	Blau, blau und noch mal blau
Wie lange?	Zwei Stunden
Wann?	Am besten zur Mittagszeit, wenn nicht so viele Gruppen unterwegs sind, oder früh morgens
Was noch?	Im Garten gibt es ein unglaublich nettes Café
Was nehme ich mit?	Kunst, Pflanzenpracht – und natürlich das Blau

Im tiefen Blau

Wäre Eliza Doolittle hier gewesen, hätte sie gesungen: Es blaut so blau ... denn hier im Jardin Majorelle ist eine Farbe dominant: Blau. Und das steht in aufregendem Kontrast zum satten Grün der Gartenanlage. Wer genug vom Rot der Medina hat, kommt in den Jardin Majorelle! Jacques Majorelle war wie so viele seiner Zeit dem düsteren und dunklen Europa Ende des 19. Jhs. entflohen und fand in Marrakech sein Paradies. Er kaufte sich außerhalb der Medina ein Stück Land, baute darauf ein kleines Haus als Atelier und errichtete einen Garten mit Pflanzen aus aller Welt. In dieser Umgebung entstanden seine Aquarelle und hier entstand sein inzwischen berühmtes »Majorelle-Blau«. Als nach seinem Tod der Garten verwilderte und 1980 einem Wohnkomplex weichen sollte, kam Yves Saint Laurent nach Marrakech. Er war so begeistert von der malerischen Wildnis mit dem blauen Pavillon, dass er alles aufkaufte, auch das angrenzende Stück Land. Er ließ den Garten mitsamt Wasserläufen und Brunnen neu anlegen und baute eine Villa direkt nebenan, damit er immer einen Blick auf den Garten hatte. Das Atelier ließ er im

Eine kühle, blaue Oase in der Wüstenstadt ist der Künstlergarten Jardin Majorelle.

Das intensive Blau der Gebäude bildet einen wunderbaren Kontrast zu den Pflanzen.

Majorelle-Blau streichen und machte das Anwesen für die Öffentlichkeit zugänglich. Nach seinem Tod wurde seine Asche unter den Rosen im Garten verstreut.

Das ehemalige Atelier wurde zu einem kleinen Museum für islamische Kunst umgebaut. Es beherbergt die Privatsammlung von Yves Saint Laurent. Neben einem hübschen kleinen Shop gibt es ein Café und einen Ausstellungsraum mit Postern von Bildern der Künstler Yves Saint Laurent und Jacques Majorelle.

KLEINE PAUSE

Gegenüber liegt das **Café Pause Gourmande.** Hier gibt es den besten Schokokuchen von Marrakech!

Café Pause Gourmande
1, Rue Yves Saint Laurent

171 D3
Avenue Yacoub El Mansour, Guéliz
0524 30 18 52
www.jardinmajorelle.com

Juni–Sep. tägl. 8–18, Okt.–Mai 8–17 Uhr
Café
70 DH, Museum zzgl. 30 DH

⑩ ★★ Musée Yves Saint Laurent

Warum?	Die erstklassige Verbindung von Architektur und Couture
Was?	100 Kleider, von Marrakech inspiriert
Wie lange?	Je nach Modebegeisterung zwei Stunden bis einen halben Tag
Wann?	Eigentlich egal. Es ist immer viel los.
Was noch?	Eine Bibliothek und ein stilvolles Café
Was nehme ich mit?	Lust auf eine YSL-Création

Die Architektur mischt neue und traditionelle Stilmittel.

Yves. Saint. Laurent. YSL.

Nur wenige Künstler waren so eng mit Marrakech verbunden wie der Modemacher. Er liebte die Stadt, ließ sich von ihren Formen und Gerüchen inspirieren, vor allem aber von den Farben. Er sagte einmal: »Marrakech hat mir die Farben geschenkt – und dank der Stadt sind meine Kollektionen das, was sie sind.« Nun hat die Fondation Pierre Bergé, benannt nach Saint Laurents Lebensgefährten, ein großes Museum in Marrakech errichtet, um die Kreationen des Modeschöpfers, aber vor allem die Synergien zwischen

Die Eleganz und Leuchtkraft der Kollektionen ist unübertroffen.

Marrakech und ihm zu zeigen. Das Museum an sich ist schon großartig. Die Architektur ist eine Verbindung aus Tradition und Moderne, die Präsentation ist perfekt inszeniert in großen Ausstellungsräumen, mit harmonischen Formen, unzähligen Bildern, Filmen, Kunstwerken. Und natürlich Mode, darunter die berühmten, von Kaftanen inspirierten Abendkleider in den Farben des Orients und der bis heute gefragte Safari-Stil. Daneben finden Wechselausstellungen mit moderner Kunst und Fotografie statt. Eine öffentliche Bibliothek ist angeschlossen, ein sehr gut sortierter Buchladen und ein Café mit viel weißem Marmor und großem Wasserbassin. Hier stimmt einfach alles. Und das hat seinen Preis. Aber der lohnt.

KLEINE PAUSE

Das **Museumscafé** bietet hervorragenden Kaffee, aufmerksamen Service und europäisch gehobene Preise.

---

171 D3
Rue Yves St. Laurent
0524 298686
www.museeysImarrakech.com

tägl. außer Mi 10–18 Uhr
100 DH

㉜ Guéliz

Warum?	Ein lebendiges, modernes und doch traditionelles Viertel
Was?	Kunst, Restaurants, franko-marokkanisches Leben
Wie lange?	Einen Tag
Wann?	Auf keinen Fall sonntags, wenn alles geschlossen ist
Was noch?	Bummeln, shoppen, Kaffee trinken und den Leuten zuschauen
Was nehme ich mit?	Ein Paar Designerschuhe

Bummeln gehen

Schicke Einkaufsstraße in Guéliz

Die netten kleinen Läden, Cafés und Restaurants in diesem Viertel liegen dicht beieinander und sind am besten zu Fuß zu entdecken. Hier finden Sie herrliche Beispiele traditioneller Marrakchi-Handwerkskunst und Neuinterpretationen alter Stile. Das Wort Guéliz (Aussprache: Gelies) leitet sich von einem der ersten Häuser ab, die hier zu Beginn des 20. Jhs. erbaut wurden: einer Kirche *(église)*. Früher übernachteten die meisten Touristen hier oder in Hivernage, doch mit dem Boom der Riads (S. 28) in den 1990er-Jahren kamen viele Gäste in die vorher verwahrloste Medina zurück. Guéliz hat immer noch rund um die Uhr viel zu bieten. Einheimische Jugendliche treffen sich mit ihren Rollern, Damen schwirren in der Mittagspause von einer Boutique in die nächste und die französischen Restaurants sind Spitzenklasse. Selbst Fußgängerüberwege gibt es hier, doch die sind in Marrakech so selten, dass sie niemand benutzt.

KLEINE PAUSE

Das **Kechmara** (S. 123) ist ein perfekter Zwischenstopp, wenn Sie in Guéliz einen Einkaufstrip unternehmen. Hier bekommen Sie starken Kaffee, ein leckeres Mittagessen und leichte Abendkost.

i 170/171 C/D 1/2

㉝ Hivernage

Warum?	Das schickste und teuerste Ausgehviertel der Stadt
Was?	Bars, Lounges, Clubs
Wie lange?	Eine Nacht lang
Wann?	Am besten ganz früh oder spät abends
Was noch?	Tagsüber perfekt für eine Radtour durch das Villenviertel
Was nehme ich mit?	Einblick ins Luxusleben der Superreichen

Schick ausgehen

Der Stadtteil Hivernage ist die Steigerung von Guéliz: Es ist moderner, größer, teurer und der Inbegriff des modernen Nachtlebens. Beide Stadtteile wurden von den Franzosen gegründet. Hier wohnt bis heute die gesellschaftliche Crème de la Crème – und das zeigt sich auch in den Preisen! Hivernage ist weitläufig und grün. Es gibt große Parks, saubere Boulevards und die angesagtesten Bars der Stadt, z. B. die größte Buddha-Bar (S. 125) von Afrika. Während Hivernage tagsüber ein ruhiges, etwas langweiliges Wohnviertel ist, trifft sich hier nachts die Upperclass zum Ausgehen. Hier im Viertel liegen überwiegend hochpreisige Fünfsternehotels, darunter auch das teuerste Hotel der Stadt, Royal Mansour, das dem König gehört. Am besten erkunden Sie das Viertel mit einem Fahrrad von Medina Bike (S. 159).

So modern wird in Hivernage gebaut.

KLEINE PAUSE

Im In-Local von Hivernage, im **Palais Jad Mahal** (S. 123), speist man hervorragend marokkanisch und man kann den Abend gemütlich ausklingen lassen.

✈ 174/175 C/D 3/4

ⓘ

Orientalisches für alle Sinne

Der Türsteher am Eingang öffnet Ihnen die Pforten, eine freundliche Dame führt Sie an Ihren (vorher reservierten) Platz. Eine Kerze brennt, die Speisekarte wird Ihnen überreicht – doch eigentlich brauchen Sie gar nicht reinzuschauen. Hier isst man neben höchst köstlichen Vorspeisen vor allem eines: Lamm. Eine zartschmelzende Tajine, die seit dem Morgen in einer töpfernen Amphore auf Holzkohle gegart wurde. Gewürzt mit Aromen, so wunderbar, als kämen sie aus Aladins Wunderlampe …
Restaurant Al Fassia, Boulevard Zerktouni, Tel. 0524 43 79 73, www.alfassia.com

34 Jardin Ménara

Warum?	Erfrischender Spaziergang im Grünen
Was?	Ein großer See mit Pavillon
Wie lange?	1 bis 2 Stunden
Wann?	Zum Sonnenuntergang
Was nehme ich mit?	Einen romantischer Sonnenuntergang vor den schneebedeckten Gipfeln des Atlas

Ein königliches Refugium

Der riesige künstliche See, der vor dem Atlasgebirge wie ein Badesee für antike Gottheiten anmutet, und der Pavillon am Südufer bilden das Herz des Ménara-Gartens. Besonders reizvoll ist die Aussicht im Winter und im Frühling, wenn die schneebedeckten Gipfel des Atlas zu sehen sind. Kein Wunder also, dass der Garten ein romantisches Ausflugsziel der Sultane und ihrer Geliebten gewesen sein soll. Auch heute sieht man viele Paare am Ufer entlangschlendern. Von einem besonders jähzornigen Sultan wird hingegen berichtet, dass er regelmäßig Gäste in den See werfen ließ. Die Gärten wurden im 12. Jh. von den Almohaden als Zuflucht vor der sengenden Sommerhitze angelegt. Durch ein ausgeklügeltes Leitsystem unterirdischer Wasserwege, den sogenannten Khettaras, gelangt Wasser aus den 30 km entfernten Bergen in den See. So werden auch die umliegenden Olivenhaine bewässert.

Der richtige Ort für ein romantisches Picknick: der Pavillon im Jardin Ménara

KLEINE PAUSE

Packen sie sich ein Picknick, genießen Sie im Park ein leckeres Essen und beobachten Sie die Marrokchis, die hier ebenfalls ein bisschen Ruhe und Romantik suchen.

---

174 A1
Avenue de la Ménara, Hivernage
tägl. 8.30–Sonnenuntergang
Café
Garten frei, Pavillon 10 DH

Nach Lust und Laune!

35 Musée de l'Eau

Wer über den touristischen Tellerrand hinausschauen möchte und sich für das Land interessiert, der sollte unbedingt hierherkommen. Das Wassermuseum ist didaktisch auf dem neusten Stand mit Schautafeln in drei Sprachen, sehr anschaulich nachgebauten Wassersystemen und multimedial wird die Beziehung des Islams zum Wasser erklärt. Vorgestellt werden Ideen zum Wassersparen und Visionen über die nächsten zehn Jahre hinaus. Modern, interaktiv, zukunftsorientiert!

> 172 nördl. C5 ✉ Route de Casablanca, Entrée du Circuit de la Palermaie ☎ 0524 29 15 92 🌐 http://museeaman.ma 🕘 tägl. 9–19 Uhr 🎟 45 DH

36 Musée de la Palmeraie

Noch ein verkanntes Museum in Marrakech: das Palmeraie-Museum. Es zeigt in lichtdurchfluteten Räumen moderne marokkanische Kunst, hat einen liebevoll angelegten Garten und natürlich ein Café!

> 172 östl. F4 ✉ Dar Tounsi, Route de Fès, Ennakhil, ☎ 0628 02 10 39 🌐 www.musee-palmeraie.com 🕘 tägl. 9 – 18 Uhr 🎟 40 DH

37 Église des Saints-Martyrs

Die katholische Kirche der heiligen Märtyrer liegt direkt an der Avenue Mohammed V. Sie ist eines der ältesten Gebäude der Neustadt und wird bis heute von einer kleinen Gemeinde genutzt. Der Name des ursprünglich französischen Viertels Guéliz soll auf das französische Wort *église* zurückgehen. Die

Kamelritt durch Palmeraie

Fast wie ein Königspalast: das Théâtre Royal

schlichte Kirche mit ihrem Turm verblasst im Vergleich zu den prächtigen Minaretten der Moscheen.

175 D5 ✉ Rue El Imam Ali, Guéliz ☎ 0524 43 05 85 Gottesdienst So 12 Uhr

38 Théâtre Royal

Der marokkanische Architekt Charles Boccara entwarf das königliche Theater mit seinem prächtigen Portikus und der Kuppel. In dem 2001 eröffneten Theater geben auch internationale Stars Gastspiele, mehrmals jährlich werden Konzerte der Marokkanischen Philharmoniker gegeben. Im Open-Air-Theater mit seinen 1200 Sitzen werden zudem Theaterstücke, Opern und Tanzperformances aufgeführt. Ausstellungen finden das gesamte Jahr über statt. Einen Kalender mit allen Veranstaltungen erhalten Sie beim Tourismusbüro in Guéliz an der Ecke Avenue Mohammed V/Rue de Yougoslavie.

174 B5 ✉ 40, Avenue Mohammed VI, Guéliz ☎ 0524 43 15 16

39 La Palmeraie

Im 12. Jh. wurde hier in der Wüste eine Dattelpalmen-Plantage angelegt, die dank des perfekten Bewässerungssystems florierte. Das marokkanische »Beverly Hills« lockt mit Nobelhotels und extravaganten Villen eine betuchte einheimische und internationale Klientel an. Auch wer sich nicht dazu zählt, kann ein paar Runden auf einem der vielen Golfplätze absolvieren.

173 E5 ✉ La Palmeraie

Wohin zum ...
Essen und Trinken?

Preise für ein Hauptgericht ohne Getränke:

€	unter 170 DH
€€	170-340 DH
€€€	über 340 DH

Amal Center €

Es handelt sich um eine soziale Einrichtung, die Gästen sowohl Mittagessen (und Abendessen für Gruppen auf Bestellung) als auch Kochkurse anbietet. Die NGO gibt alleinstehenden Frauen und Müttern Arbeit und damit die Möglichkeit, Geld für ihren Lebensunterhalt zu verdienen. So gibt es hier also nicht nur bestes Essen (wie es eben nur echte Hausfrauen kochen können), sondern man fördert auch noch ein sinnvolles Projekt.

170 B2
Rue Allal Ben Ahmed, Ecke Rue Ibn Sina
0524 446896 www.amalnonprofit.org
tägl. 12–16 Uhr, sonst auf Anfrage

Tajine mit Gemüse und Reis

Bagatelle €€

Eine traditionelle, familiengeführte Brasserie, die einige Überraschungen bietet. Der Besitzer weigert sich, irgendein Gericht von der Originalkarte seiner Großmutter zu streichen, fügt aber immer wieder neue hinzu. Ziehen Sie sich auf die mit Reben bewachsene Terrasse zurück und schlemmen Sie Gans oder Steak. An kühleren Abenden suchen Sie sich ein Plätzchen am Kamin.

170 B1
103, Rue de Yougoslavie, Guéliz
0524 43 02 74
tägl. 10–15, 19–23 Uhr

Bô-Zin €€€

Eine von Marrakechs besten Adressen. Das Bar-Restaurant liegt 15 Minuten mit dem Taxi außerhalb der Medina an der Straße ins Ourika-Tal. Die Küche ist thailändisch inspiriert, bietet aber auch Italienisches und Französisches. Feiner Zwirn und Reservierung erforderlich.

außerhalb der Karte
Douar Lahna, bei Km 3,5, Route de l'Ourika 0524 38 80 12 www.bo-zin.com
tägl. 19–1 Uhr

Café 16 €/€€

Eine der In-Locations von Guéliz. Zentral, mitten auf der Plaza, bekommt man sowohl köstliche Törtchen, Kaffee oder auch Kleinigkeiten, mediterran angehaucht, in bester Qualität.

170 C1
Place 16 novembre (Marrakech Plaza)
0524 339670 www.16cafe.com
tägl. 9-1 Uhr

Café des Négociants €

Stammgäste besuchen das Terrassencafé, um bei einem Nus Nus (Milchkaffee) die Menge zu beobachten. Gutes französisches Gebäck und Säfte – ideal fürs Frühstück.

170 B2
11, Avenue Mohammed V, Ecke Boulevard Mohammed Zerktouni, Guéliz
0524 43 57 82
tägl. 6–23 Uhr

Café du Livre €

Expats und erschöpfte Touristen schmökern im »Café des Buchs« in Büchern und Zeitschriften. Montags ist Quiz Night. Auf der Speisekarte stehen Salate, Suppen und gute Cheeseburger.

170 C1
44, Rue Tarik Ibn Ziyad, Guéliz
0524 44 6921 www.facebook.com/cafedulivre
Mo–Sa 9.30–21 Uhr

Grand Café de la Poste €€
Das Café wurde 1925 erbaut und geschmackvoll im Stil einer Pariser Brasserie renoviert. Auf der luftigen Terrasse bekommen Sie unter weißen Sonnenschirmen Kaffee und Salate serviert. Oder Sie versinken bei Live-Jazz mit einem Cocktail in einem der roten Samtsofas und lassen sich das Essen schmecken.
170 C1
Boulevard El Mansour Eddahbi (hinter der Post), Guéliz ☎ 0524 43 30 38
www.grandcafedelaposterestaurant.com
tägl. 8–1 Uhr

Jardin Majorelle Café €
Mitten im Jardin Majorelle (S. 112) finden Sie das hübsche Terrassen-Café voller bunter Bougainvilleen. Lassen Sie sich verführen von geeister Milch mit Orangenblüten, traditionell gemachter Limonade und kaltem Gazpacho.
171 E3
bei der Avenue Yacoub El Mansour, Guéliz
☎ 0524 30 18 52 www.jardinmajorelle.com
Juni–Sept. tägl. 8–18 Uhr; Okt.–Mai 8–17.30 Uhr

Kechmara € / €€
Beginnen Sie den Tag mit Orchideen-Oolongtee und köstlichen Crêpes mit Fruchtfüllung. Mittags empfiehlt sich ein Roastbeef-Sandwich oder ein Salat mit warmem Schafskäse, abends Ente.
170 B1
3, Rue de la Liberté, Guéliz
☎ 0524 42 25 32 www.kechmara.com
tägl. 12–1 Uhr

L'Annexe €€
Ganz klar gehoben, aber keineswegs abgehoben. Gute internationale Speisen, Grillspezialitäten und Beilagen, die es vor Ort gibt. Lecker! Das Restaurant ist modern und über zwei Etagen eingerichtet. Eine Reservierung wird empfohlen, vor allem am Wochenende.
170 B2
Rue Moulay Ali ☎ 0524 434010
www.lannexemarrakech.com
Mo–Sa 19.30 –23 Uhr, Di–Sa 12–14.30 Uhr

Palais Jad Mahal €€ / €€€
Diese In-Location ist einer *der* Renner der Stadt. Hier speist man marokkanisch, Thai oder Tapas (nur auf Vorbestellung) und kann dann in der trendigen Bar chillen.
175 E3
Rue Haroun Errachid, Hivernage
☎ 0524 43 69 84
www.palaisjadmahal.net
tägl. 19–2 Uhr

Restaurant Al Fassia €€
Das beste marokkanische Restaurant in Marrakech serviert hervorragende hausgemachte Gerichte à la carte in formeller Atmosphäre. Es gibt zwei Dependancen: das Haupthaus in Guéliz und eines in Agdal. Reservierungen erforderlich!
170 C2
Residence Taieb, 55, Boulevard Mohammed Zerktouni, Guéliz
☎ 0524 43 40 60
www.alfassia.com
Di–So 12–14.30, 19.30–23 Uhr

Rôtisserie de la Paix €€
Besonders hübsch ist der hiesige Garten am Abend: Sie können saftige gegrillte Fleischgerichte und überzeugende französische Tagesgerichte erwarten, die die Gäste bereits seit 1949 zufriedenstellen.
170 B1
68, Rue de Yougoslavie, Guéliz
☎ 0524 43 31 18
www.rotisseriedelapaix.com
tägl. 12–15, 18–1 Uhr

Zushi €/€€
Ein asiatisch-japanisches Restaurant mit sehr guter Küche. Die Preise sind etwas günstiger als in Deutschland, die Qualität und der Service sind sehr gut. Minimalistisches Interieur, sehr asiatisch, mit klaren Linien. Es liegt zentral und nahe dem Bahnhof.
170 B1
Ave. Mohammed VI
☎ 0524 201885
www.zushi.ma
Mo-Fr 12-15 Uhr, 19-0 Uhr, Sa und So 12-0 Uhr

Wohin zum ... Einkaufen?

Zum Shoppen bietet die Neustadt das Beste aus zwei Welten. Hier finden Sie Exotisches modern interpretiert. Angenehm sind die Preisauszeichnungen an den Waren, die Klimaanlagen und das freundliche, sachkundige Verkaufspersonal. Welten liegen zwischen den hiesigen Geschäften und den Souks, auf denen das Feilschen nicht jedermanns Sache ist. Doch natürlich können Sie auch in den Boutiquen von Guéliz handeln – alte Sitten sind hartnäckig.
Suchen Sie im Atika (34, Rue de la Liberté, Guéliz, Tel. 0524 43 64 09, Mo–Sa 8.30–12.30, 15–19.30 Uhr) unter den Markenschuhen à la Prada und Tod's nach einem attraktiven Schnäppchen. Oder Sie finden hier außergewöhnliche Schuhe marokkanischer Machart. Dieser Laden läuft so gut, dass nur fünf Minuten entfernt eine Filiale (212, Avenue Mohammed V, Mo–Sa 8.30–12.30, 15–19.30 Uhr) eröffnet wurde, die Kleidung verkauft, die zu den ausgefallenen Schuhen passt.
MyArt (Place 16 Novembre, Ecke Rue Tarik Ibnou Zyad) ist ein außergewöhnlicher Designer-Shop, der Möbel, Kissen, Kunstgegenstände, aber auch kleine Glasobjekte, Holz- oder Lederarbeiten verkauft.
Stecken Sie Ihre Nase in ein Buch! Das Café du Livre (44, Rue Tarik Ibn Ziyad, Guéliz, Tel. 0524 43 21 49; www.facebook.com/cafedulivre, Mo–Sa 10–23, So ab 12.30 Uhr) ist einer der wenigen Orte in Marrakech, wo es englischsprachige Zeitschriften und Bücher gibt.
Marrakchi Baconnier (6, Rue des Vieux Marrakchis, Guéliz, Tel. 0524 44 91 78, Mo–Sa 9.30–12.30, 15.30–19.30 Uhr) mit Läden auch in St. Tropez und Paris bietet Unikate und moderne Neuauflagen marokkanischer Klassiker, Schmuck, Windlichter und Taschen inbegriffen.
Ganz fantastische, außergewöhnliche Mode und Accessoires (Schuhe, Taschen und Gürtel) bietet die exklusive Boutique des marokkanischen Designers Yahya Kaftan Queen Morocco (61 Rue Yougouslavie, Oassage Ghandourie, Tel. 0524 42 07 97, Mo–Sa 10–19 Uhr). Vorsicht: Der Besuch der Boutique löst »Haben wollen« aus, dem man kaum widerstehen kann!
Schöne Lederwaren, Taschen, Schuhe und Jacken zu sehr vernünftigen Preisen sind das A und O in der Galerie Birkemeyer (169–171, Rue Mohammed El Beqal, Guéliz, Tel. 0524 44 92 97; www.galerie-birkemeyer.com).
Gegenüber vom Jardin Majorelle liegt 33 Rue Majorelle (33, Rue Majorelle, Tel. 0524 31 41 95; www.33ruemajorelle.com; tägl. 10–19 Uhr), der erste Concept-Store der Stadt. Angeboten werden das Label Yima des lokalen Designers Hassan Hajjaj (S. 26) aschen von Lalla, recycelte Vintage-Artikel des italienischen Designers Topolina und Collage-Taschen von Zina mit arabischen Stars.
Weitere außergewöhnliche Artikel finden Sie in Sidi Ghanem. Tolle Kosmetika und Duftöle bietet Les Sens de Marrakech (Route de Safi, Tel. 0524 33 69 91, www.lessensdemarrakech.com, Mo–Fr 8.30–18 Uhr, Sa bis 16 Uhr). Auch Akkal-Amira (219, Sidi Ghanem; Tel. 0524 35 60 24; Mo–Sa 9–19.30 Uhr) lohnt einen Besuch; zum Angebot zählen moderne Keramikprodukte wie Tajines in zig Farben, Teegläser und Wäsche sowie geschnitzte Kerzen, die auch in vielen Bars und In-Locations von Marrakech zu finden sind.

Wohin zum ... Ausgehen?

Marrakechs Neustadt ist durch und durch modern und erfindet sich laufend neu. Ist es in der Medina fast unmöglich, ein Bier zu trinken, hier in Guéliz und Umgebung ist das kein Problem!
In Guéliz selbst finden Sie sich leicht zurecht, wenn Sie aber noch weiter hinaus wollen, brauchen Sie ein Taxi und einen Taxifahrer, der Sie versteht. Viele der Clubs liegen etwa eine halbe Stunde Fahrtzeit von der Medina entfernt – deshalb sollten Sie für Ihren Ausflug ein paar Stunden einplanen.

BARS UND DINNERCLUBS

Buddha-Bar
Pompös, pompöser, Buddha-Bar! Das ist nicht übertrieben. Eine riesige Bar mit einem überdimensionalen Buddha, der über alle wacht. Wahnsinnspreise, super Stimmung, tolle Musik - so wie man es von den Buddha-Bars kennt.
174 C2
Ave. Prince Moulay Rachid
0524 45 93 00 www.buddhabar.ma
tägl. 20–6 Uhr

Djellabar
Eine der Top-Adressen in Marrakech ist diese außergewöhnliche Bar mit angeschlossenem Restaurant, in dem man sehr gut essen kann. Der Top-DJ Claude Challe (bekannt durch die Buddha-Bars) hat sich mit der Eröffnung des Klubs seinen Lebenstraum erfüllt und legt häufig hier auch selbst Musik auf.
174 C5
Rue Abou Hanifa
0524 42 12 42 www.djellabar.com
tägl. 18.30–2 Uhr, am Wochenende vorher reservieren

Le Comptoir
In der Bar im ersten Stock des Restaurants Le Comptoir legt entweder ein DJ auf oder es gibt Livemusik. Nach all den Jahren zieht sie immer noch die Schönen an. Die Cocktails und die Champagnerauswahl sind prima, wenn auch kostspielig. Reservieren Sie vorher, denn hier ist immer viel los.
175 D3
Avenue Echouhada, Hivernage
0524 43 77 02
www.comptoirmarrakech.com
tägl. 19.30–3 Uhr

NACHTCLUBS UND DISKOS

Pacha
Der bekannte Nachtclub aus Ibiza hat eine Filiale in Marokko eröffnet – laut Betreiber ist es der größte Nachtclub Afrikas. Nachtschwärmer kommen, um ihre Outfits zu präsentieren, in der Lounge zu chillen, in einem der Restaurants zu essen und zur Musik international bekannter DJs die Hüften zu schwingen.
außerhalb der Karte
Avenue Mohammed VI, Zone Hôtelière
0661 10 28 87 www.pachamarrakech.com Di–So 12–5 Uhr
vor 22 Uhr frei, danach ab 150 DH

Und hinterher ein leckeres Birnendessert ...

So Lounge
Einer der schicksten Clubs der Marrakecher Neustadt ist im Sofitel Hotel untergebracht. Hier ist man unter sich und der Dresscode ist ganz klar vorgegeben: Elegant bis todschick! Gehoben, tolles Interieur, gute internationale und arabische Musik.
175 D3
Rue Haroun Errachid
0656 515091 www.so-nightlounge.com

Théâtro
Der Nachtclub mit der prächtigen Inneneinrichtung eines ehemaligen Theaters bietet Ladies' Nights, Gastspiele mit Ministry of Sound und Themennächte. Die Darsteller füllen die großen Emporen, der Club gilt als einer der unterhaltsamsten von Marrakech.
175 D3
Hotel Es Saadi, Avenue El Kadissia, Hivernage
0664 86 03 39
www.theatromarrakech.com
tägl. ab 20 Uhr 200 DH

Wie ein Traumbild erscheint der Schattenriss der
Kamele am Meer.

Ausflüge

Die Region rund um Marrakech erkunden – von den höchsten Bergpässen bis zur Meeresküste

Seite 126–139

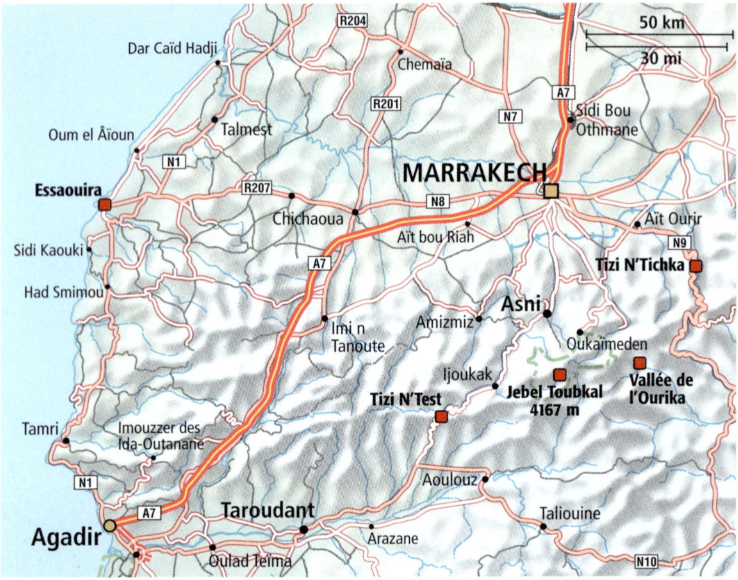

In weniger als einer Stunde erreichen Sie von Marrakech aus die schönsten Ausflugsziele.

Wenn Sie wenig Zeit haben, empfiehlt sich ein Abstecher ins Ourika Tal (S. 134) – pünktlich zum Abendessen sind Sie wieder zurück in Ihrem Hotel in Marrakech.

In ein bis zwei Tagesreisen erreichen Sie die berühmtesten Pässe des Atlasgebirges: Der Tizi N'Tichka (S. 132) führt an beeindruckenden Kasbahs (Festungen aus Lehmziegeln) vorbei nach Ouarzazate, dem Tor zur Sahara. Die abenteuerliche Straße zum Tizi N'Test (S. 130) erfordert starke Nerven, aber die friedliche und schöne Landschaft ringsum macht die Mühe allemal wett. Die einzigartige Bergwelt lockt auch Wanderer auf den Jebel Toubkal (S. 129).

Alle Ausflüge können Sie von Marrakech aus buchen, doch es ist unkompliziert und macht Spaß, ein Großtaxi (S. 159) zu mieten. Außerdem ist es meist preisgünstiger, einen Ausflug ohne Vermittler zu reservieren.

Jebel Toubkal

Was?	Der höchste Berg Nordafrikas
Warum?	Weil er für einen 4000er relativ leicht zu besteigen ist
Wann?	Nur im Hochsommer
Wie lange?	Für den Auf- und Abstieg zwei Tage, zum Spazierengehen reicht ein Tag
Was noch?	Auf halber Höhe liegt der heilige Ort Chamharouche, eine marokkanische Pilgerstätte
Resümee	Heiliger Berg für Bergsteiger und weniger Ambitionierte

Ob Sie den Jebel Toubkal besteigen oder einfach nur eine Tageswanderung im Nationalpark Toubkal unternehmen möchten – das Dorf Imlil, 65 km entfernt von Marrakech, ist der ideale Ausgangspunkt.

Blick auf den Jebel Toubkal

Besteigung des Toubkal

Der Aufstieg zum Jebel Toubkal (4167 m) ist eine einmalige Gelegenheit. Planen Sie eine Übernachtung in einer der Hütten an der Schneegrenze (3200 m) ein, bevor Sie am nächsten Tag den Gipfel besteigen. Informieren Sie Dritte über Ihre Routenpläne und seien Sie darauf gefasst, dass Sie besseres Wetter abwarten müssen.

KLEINE PAUSE

Die **Kasbah du Toubkal** (S. 161) ist perfekt für ein Mittagessen vor oder nach einer Wanderung.

✉ Die Wanderwege beginnen in Imlil, 65 km südlich von Marrakech
🍴 Refuge Toubkal (www.refugedutoubkal.com) an der Schneegrenze: ca. 8 Euro pro Bett und Nacht, für das Abendessen muss selbst gesorgt werden. Oder schicker: Refuge Les Mouflons mit Doppelzimmern und Halbpension (🌐 www.refugetoubkal.com)
Bergführer mit guten Fremdsprachenkenntnissen vermittelt das Bureau des Guides de Montagne im Zentrum von Imlil.
☎ 0524 48 56 26 🌐 www.bureaudesguidesimli.com
🎟 Bergführer: 300–500 DH pro Tag, ein Maultier kostet rund 50 DH/Tag

ℹ

Tizi N'Test

Was?	Ein aufregender Atlaspass
Warum?	Weil man von oben in die Sousse-Ebene großartige Blicke werfen kann!
Wann?	Nicht im tiefsten Winter, denn da ist der Pass gesperrt
Wie lange?	Man braucht mit dem Pkw oder dem Bus rund 1 Tag
Was noch?	Tin Mal, eine alte Moschee liegt auf der Strecke 1 Tag
Resümee	Abenteuerliche Bergfahrt

Die Fahrt über die kurvigen Straßen des Hohen Atlas bietet sensationelle Ausblicke.

Das Atlasgebirge ist mehr als nur attraktive Kulisse für Marrakech. Fahren Sie von der Stadt südwärts und erleben Sie aufregend steile Bergpässe, unvergessliche Aussichten, bäuerliches Leben und Gastfreundschaft auf dem Land.

Das kleine, unscheinbare Dorf Ouirgane eignet sich für eine Übernachtung. Es liegt inmitten von Obstgärten, die zu einem abendlichen Spaziergang einladen. Tagsüber werden Trekkingtouren mit Maultieren angeboten. Übernachten können Sie in der Domaine de la Roseraie), einem Spa-Hotel am Ortsrand, oder im einfacheren, aber nicht minder schönen Chez Momo, das in den Hügeln liegt. Beide Hotels organisieren Touren nach Tin Mal und Wanderungen in der Umgebung.

Eines der typisches Berberdörfer, die häufig direkt an den Berg gebaut wurden

Bergmoschee

Tin Mal stammt aus dem 12. Jh. und war das kulturelle Zentrum der Almohaden und ihres religiösen Führers Ibn Tourmert. Die Moschee aus dem Jahr 1153 wurde kurze Zeit später zu einer imposanten Festung umgebaut, die noch heute den Pass beherrscht. Obwohl sie schon lange ohne Dach auskommen muss, ist die Moschee in erstaunlich gutem Zustand. Sie ist eine der wenigen Moscheen Marokkos, die auch von Nicht-Muslimen betreten werden darf (freitagnachmittags geschlossen). Von ihrem Minarett hat man eine fantastische Aussicht.

KLEINE PAUSE

Bei der Olivenmühle am Flussufer in Tin Mal lädt ein hübscher Platz zum Picknicken ein. Ansonsten empfehlen sich das ausgezeichnete Restaurant der **Auberge Chez Momo** (S. 130) oder die kleinen Straßenrestaurants unterwegs, die täglich frische Tajine servieren.

---

i

Anreise
Folgen Sie der R203 (Route de Taroudant) in Richtung Süden. Bei Asni (50 km) beginnt der Anstieg ins Gebirge. Der Preis eines Taxis hängt von Fahrer, Wagenzustand und Ihrem Verhandlungsgeschick ab, sollte aber für einen ganzen Tag nicht mehr als 70 Euro betragen (Einzelstrecke Marrakech– Ouirgane: ca 20 Euro).

Ouirgane
✉ bei Km 60, R203 (Route de Taroudant)

Tin Mal
✉ Km 95, R203 Route de Taroudant

Domaine de la Roseraie
✉ Km 60 (Route de Taroudant) Ouirgane
☎ Tel. 0524 43 91 28
🌐 www.laroseraiehotel.com

Chez Momo €
☎ Tel. 0524 48 57 12
🌐 www.aubergemomo.com

Tizi N'Tichka

	Ein Atlaspass mit lohnenswerten Stopps unterwegs
Warum?	Weil es die höchste Passstraße Marokkos ist, und man sehr viele tolle Punkte zum Anhalten findet
Wann?	Immer außer zur Schneesperre, die jedoch nicht so häufig ist wie beim Tizi N'Test, da der Tichka die Hauptroute über den Hohen Atlas ist und entsprechend schnell geräumt wird
Wie lange?	Wer sich Zeit nehmen will und Telouet und Ait Ben Haddou besuchen, sollte zwei Tage einplanen
Was noch?	Filmkulissen zum Anfassen
Resümee	Tolle Strecke mit vielen Stopps

Die Fahrt zum Pass Tizi N'Tichka ist zwar weniger abenteuerlich als zum Tizi N'Test (S. 130), aber die Ausblicke von unterwegs, die Bergfestungen und ein Außenposten in der Wüste, in dem Sie übernachten können, sind mindestens genauso faszinierend.

Starten Sie am besten dienstags oder samstags, wenn in Aït Ourir ein großer Berbermarkt stattfindet. Der Ort liegt etwa eine Stunde (40 km) von Marrakech entfernt. Etwa 70 km hinter Aït Ourir müssen Sie sich entscheiden, ob Sie geradeaus über die Hauptstraße fahren oder die Nebenstrecke über Telonet nehmen. Biegen Sie hierfür links auf die P1506. Die Kasbah Telouet war einst die Bergfestung der Berberführer, El Glaoui. Die labyrinthische Architektur aus rotem Lehm wirkt mittelalterlich, obwohl die Kasbah vom Ende des 19. Jhs. stammt.

Aït Benhaddou

Die beeindruckende, verwinkelte alte Wüstensiedlung wurde von der UNESCO zum Weltkulturerbe erklärt. Das Dorf war nie eine königliche Residenz wie Telouet, sondern eine florierende Niederlassung Handel treibender Berberfamilien. Heute leben nur noch wenige Menschen in der bröckelnden Altstadt, viele sind auf die andere Seite des Flusses Ounila gezogen. Und doch gilt der Ort bis heute als schönstes Dorf Marokkos. Es lohnt sich also, hier zu übernachten,

etwa im kleinen Riad Caravane. Restaurants und Cafés finden sich sowohl im neuen als auch im alten Teil des Dorfes. Die alte Kasbah Aït Benhaddou mit ihrem Labyrinth aus Häusern und Türmen ist oft Kulisse für große Kinofilme.

Aït Benhaddou: Eine traumhafte (Film-) Kulisse

Hollywood in Südmarokko

Die Atlas-Filmstudios zwischen Aït Benhaddou und Ouarzazate haben inzwischen internationalen Rang. Für Filmliebhaber und alle, die einen Blick hinter die Kulissen werfen wollen, ein lohnenswertes Ziel. Bekannte Kinofilme wie *Gladiator*, *Krieg der Sterne* und *Asterix und Kleopatra* wurden hier gedreht (www.studiosatlas.com).

Anreise
Wenn Sie den ganzen Pass überqueren, legen Sie ab Marrakech auf der Fernstraße N9 über 200 km zurück. Fahren Sie bei Tageslicht bis nach Ouarzazate. Dort haben Sie eine große Auswahl an Unterkünften.

Kasbah Telouet und Aït Benhaddou
◑ tägl. Sonnenauf- bis -untergang

Dar Chamaa
☎ 0524 85 49 54
🌐 www.darchamaa.com

Riad Caravane
☎ 0524 89 09 16
🌐 www.riad-caravane.com

Vallée de l'Ourika

	Ein malerisches Bergtal nahe Marrakech
Warum?	Man entflieht der Stadthektik, der Hitze und dem Staub der Großstadt
Wann?	Egal wann. Es ist immer schön. Am schönsten aber im Frühling!
Wie lange?	Mit Besuchen des Safrangartens und dem Eco-Musée einen vollen Tag
Was noch?	Ein Wasserfall am Ende

Der Ourika bewässert dieses fruchtbare Tal in den nördlichen Ausläufern des Atlasgebirges. Ein wunderbarer Tagesausflug erwartet Sie – und pünktlich zum Abendessen sind Sie zurück in Marrakech.

Das Ourika-Tal ist etwa 50 km von Marrakech entfernt. Die Anfahrt ist leicht und lohnt sich, wenn Sie einen Eindruck vom Atlasgebirge bekommen möchten. Die Straße führt von der Stadt aus südwärts in die Berge. Die Berber bewirtschaften das Land hier seit Jahrhunderten, sie leben in kleinen Ansammlungen einfacher Lehmziegelhäuser an den Hängen und in den Tälern.

Das Dorf Tnine Ourika iegt 35 km von Marrakech entfernt; hier findet montagmorgens ein Markt statt. Besonders sehenswert ist die in der Nähe gelegene Safranfarm von Christine Ferrari. Neben Safran hat sie über 100 unterschiedliche Heilkräuter biologisch angebaut und gibt den Frauen der Umgebung Brot und Arbeit. Es gibt Führungen, einen Barfußpfad und ein kleines Restaurant.

Ein weiterer lohnender Zwischenstopp ist das nahe gelegene Ecomusée Berbère, untergebracht in einem alten Lehmhaus.

Wasserfälle von Setti Fatma

Vom Dorf Setti Fatma aus kann man zu einem der sieben Wasserfälle wandern. Nehmen Sie festes Schuhwerk mit, außerdem Wasser und Sonnenschutz.

KLEINE PAUSE

Direkt vor dem Ortseingang von Setti Fatma liegen kleine Restaurants direkt am Fluss. Versuchen sie mal die Ziegenfleisch-Tajine - eine bessere bekommen Sie im ganzen Land nicht!

Anreise
Sammeltaxis nach Setti Fatma starten morgens von Marrakech und kommen am späten Abend zurück. Für Besuche in anderen Dörfern benötigen Sie ein privates Taxi oder einen Mietwagen.

Ecomusée Berbère
Route Ourika, Km 37
☎ 0524 38 57 21
www.museeberbere.com
tägl. 9.30–19 Uhr 20 DH

Kleines Restaurant
Km 31
☎ 0628 79 69 79
www.paradis-du-safran.com
tägl. 9–17 Uhr 100 DH

Der Ourika – hier bei Setti Fatma – hat seine Quelle im Atlasgebirge

Essaouira

Was?	Eine pittoreske Stadt am Atlantik in Blau und Weiß
Warum?	Weil Strand und Altstadt verzaubern
Wann?	Am besten nicht im Januar oder Februar, denn dann regnet es viel
Wie lange?	Mindestens ein Wochenende
Was noch?	Wunderbare Fischrestaurants
Resümee	Meeresglück nahe Marrakech

Windsurfer, Künstler, Hippies und junge Aktivurlauber lieben Essaouira besonders. Aber auch Shoppingverrückte, Stadtbummler und Fischliebhaber kommen hier, im alten Mogador, auf ihre Kosten.

Nur zwei Tage in Essaouira veredeln jede Marrakech-Reise: Freuen Sie sich auf fangfrischen Fisch, ein reiches musikalisches Erbe, das auch in einigen der Restaurants und Cafés gepflegt wird, und eine entspannte Atmosphäre, die manchen Gast länger bleiben lässt als geplant.

Die historische Altstadt mit ihren weiß getünchten Häusern und den blauen Fensterläden ist von Festungsmauern umgeben und der schönste Ort an Marokkos Atlantikküste.

Beim Spaziergang über die gepflasterten Gassen entdecken Sie Cafés, Restaurants, Galerien und Geschäfte mit Handwerkskunst, darunter Kästchen, Schalen und Spielsachen aus Thujaholz.

Strandvergnügen

Am Südrand der Stadt liegt ein weiter Sandstrand. Essaouira gilt als »windigste Stadt Afrikas«. Das nimmt dem Bad das Vergnügen, freut aber die zahlreichen Windsurfer, die eigens im Sommer und Winter für ihren Sport nach Essouira kommen.

Warum also nicht lieber Quad-Touren unternehmen, Reiten oder Windsurfen? Zum Schwimmen ist der ruhigere und windgeschütztere nördliche Strand, Plage de Safi, besser geeignet.

Fest der Sinne

Am größten Platz, der Place Moulay Hassan, laden die Straßencafés dazu ein, den ganzen Tag zu verquatschen und das bunte Treiben bei einem Café au Lait zu beobachten. Im Juni ist er der Mittelpunkt des großen und unterhaltsamen Gnaoua World Music Festival (www.festival-gnaoua.net). Der Place Orson Welles , ein grüner Park neben dem Place Moulay Hassan, erhielt seinen Namen zu Ehren des berühmten Regisseurs, der 1952 in Essaouira seinen Kinofilm *Othello* drehte.

Die Skala de la Ville ist eine beeindruckende Seefahrerbastion. Von hier aus haben Sie einen herrlichen Blick auf den blutroten Sonnenuntergang. Innerhalb der Skala-Mauern liegt die weiß getünchte Medina aus dem 18. Jh, die unter dem Schutz der UNESCO steht. In der ganzen Stadt, aber vor allem in dem Bereich, wo die Festungsmauern auf die Gassen der Medina stoßen, liegen viele Schreinereien. Hier kann man den Handwerkern bei der Arbeit zusehen oder so manch schönes Souvenir erstehen.

Skala de la Ville an der westlichen Festungsmauer von Essaouira

Ein ganz besonderes Spektakel können Sie an der Skala du Port, dem Tor zum Fischerhafen, erleben. Am frühen Morgen kehren die farbenfrohen Fischerboote vom Fang in den kleinen Hafen zurück. Dann wuselt es nur so von Booten und Fischern.

KLEINE PAUSE

Am Hafeneingang werden frisch gefangene Fische und Schalentiere vor Ihren Augen zubereitet und mit Brot und Salat an Tischen im Freien serviert. Preise unbedingt vorher aushandeln!

✉ Km 180 Route 207 (verlassen Sie die N8 aus Marrakech nach 80 km)

Anreise
Nehmen Sie ein Taxi für die etwa 180 km (ca. 80–100 Euro) oder kaufen Sie sich ein Ticket der ausgezeichneten Busgesellschaft Supratours (www.supratours.ma). Die Busse sind komfortabel, schnell und pünktlich. Das Ticket sollte mindestens einen Tag im Voraus gekauft werden. Wer in Essaouira übernachten möchte, hat die Qual der Wahl.

Riad Casa Lila
☎ 0524 47 55 45
🌐 www. casalila-riad.com

Wie eine blaue Armada liegen die Fischerboote im Hafen.

Im Rausch der Musik

Lautenklänge, nicht lieblich, eher kraftvoll. Dazu Kastagnetten in einem fremden Rhythmus und Trommelschläge, die tief ins Innere dringen. Die Männer wiegen sich und dann beginnt der Gesang, der Geister vertreiben soll. Monoton fast, rhythmisch, mit kurzen Höhen und Tiefen. Wow! Die Musik bewegt jeden, der intensiv zuhört. Wenn Sie einen Ausflug nach Essaouira vorhaben, planen Sie unbedingt auch ein Gnaoua-Konzert ein!

Auf https://essaouira.madeinmedina.com/en/events.html finden Sie aktuelle Konzerthinweise. Außerdem können Sie abends auch im Café des Arts (56 Ave. Istiqlal) vorbeischauen. Dort gibt es häufig Gnaoua-Livemusik.

Vorbei an der Koutoubia und rund um den Djemaa el Fna führen die schönsten Wege durch die Stadt.

Spaziergänge

Eine Stadt zu Fuß zu erobern, ist der einzige Weg, sie wirklich zu entdecken

Seite 140–151

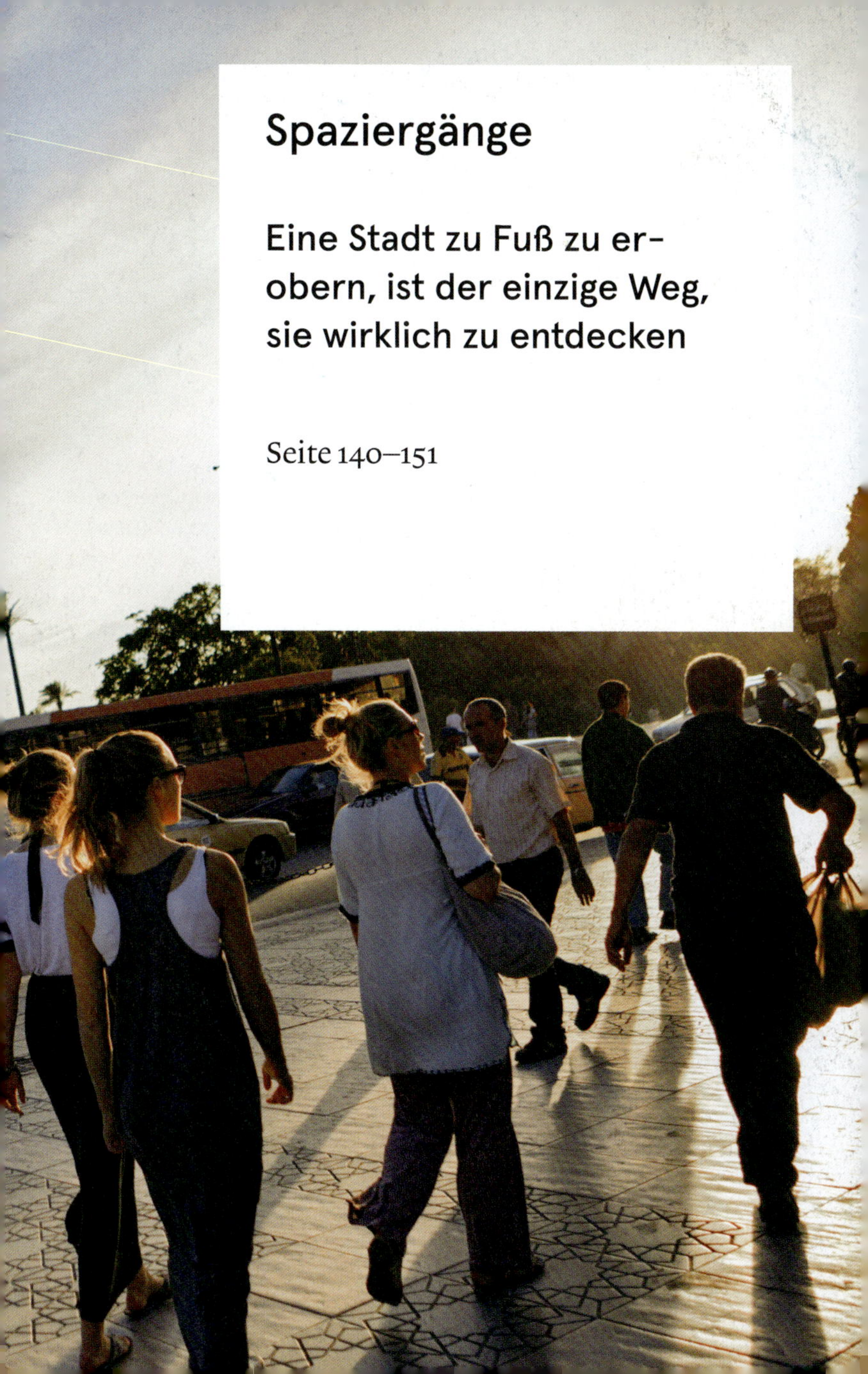

Ins pulsierende Zentrum von Marrakech

Start	Djemaa el Fna
Ziel	Souks
Wann?	Früher Vormittag oder kurz vor Sonnenuntergang
Länge	2 km
Dauer	2 bis 3 Stunden

Dieser Spaziergang führt Sie ins tiefste Marrakech, und an jeder Ecke erwarten Sie neue Sinneseindrücke. Vom Djemaa el Fna (S. 38) aus führt Sie der Weg um die Koutoubia-Moschee (S. 42) und endet bei den Souks (S. 40). Der Weg führt durch verkehrsberuhigte Straßen und ist leicht zu finden. Legen Sie bei großer Hitze Zwischenstopps ein.

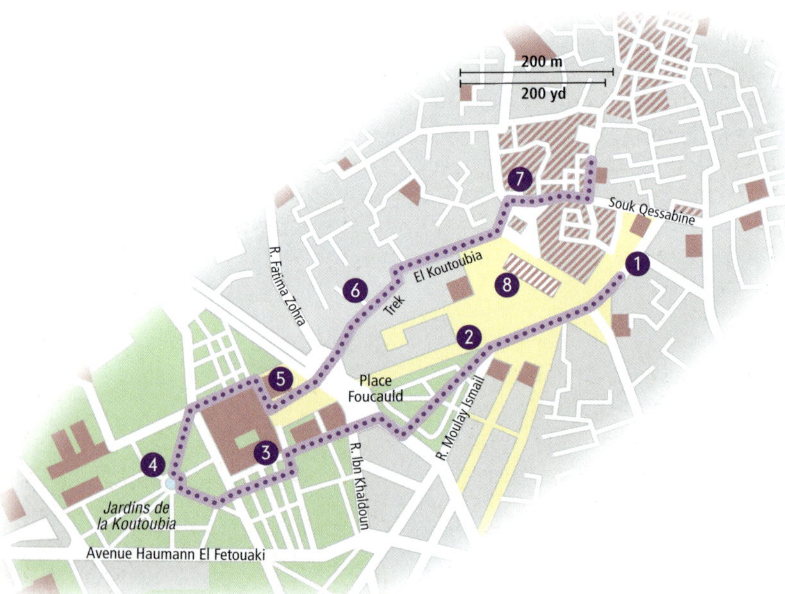

1–2

Der Wochentag ist für Ihren Spaziergang weniger entscheidend. Am Freitag wirkt die Stadt jedoch wie ausgestorben. Es ist allerdings empfehlenswert, den Spaziergang (v. a. im Sommer) entweder frühmorgens oder spätnachmittags zu unternehmen, um die Mittagshitze zu vermeiden bzw. etwas mehr Ruhe zu haben im sonst umtriebigen Teil der Stadt.

Auf dem Djemaa el Fna wird immer etwas geboten.

Starten Sie mit einem frischen Orangensaft an einem der Stände des Djemaa el Fna oder mit einem Kaffee im Café de France (S. 48). Tagsüber sehen Sie auf dem Platz knallbunt gekleideten Wasserverkäufer, Akrobaten, Schlangenbeschwörer und Eselskarren. Überqueren Sie den Platz in Richtung des kleineren und dreieckig angelegten Place Foucauld. Hier warten schon die Calèches (S. 159) auf Fahrgäste.

Reich verziert: das Minarett der Koutoubia-Moschee

2–3

Vom Place Foucauld aus überqueren Sie die belebte Avenue Mohammed V, die bis in die Neustadt führt, in Richtung Koutoubia-Moschee. Nehmen Sie sich Zeit, dieses bedeutende Baudenkmal und die angrenzenden Fundamente der früheren Moschee zu bewundern.

Handgearbeitete Körbe sind ein hübsches Souvenir für zu Hause.

3–4

Gehen Sie links um die Moschee herum zum Garten der Koutoubia auf deren Rückseite. Gönnen Sie sich eine Pause in dieser Anlage mit den herrlichen Rasenflächen, einem Springbrunnen (oft ohne Wasser) und dem europäisch wirkenden Orchesterpavillon auf der linken Seite.

4–5

Folgen Sie dem Pfad an der Koutoubia vorbei zurück zur Hauptstraße, auf der es links zur Koubba de Lalla Zohra (S. 46) weiter geht. Überqueren Sie den Zebrastreifen und suchen Sie sich im Café de la Koutoubia (S. 48) einen guten Platz mit Blick auf das bunte Treiben der Straße.

5–6

Überqueren Sie die Rue Fatima Zohra beim zweiten Zebrastreifen und folgen Sie der verkehrsberuhigten Rue El Koutoubia (ohne Beschilderung). Essen Sie im Hotel Les Jardins de la Koutoubia (S. 160) zu Mittag am reizenden Pool der Snackbar oder schauen Sie ins exzellente asiatische Terrassen-Restaurant Les Jardins de Bala (S. 49).

6–7

Wenn Sie das Hotel verlassen, gehen Sie links die Rue de la Koutoubia entlang, die nach links abknickt. Ein Stück weiter sehen Sie rechter Hand die traditionellen Korbmacher.

Gehen Sie weiter geradeaus und am Rand des Djemaa el Fna entlang bis zur Place Bab Fteuh (S. 46), wo Sie zahlreiche Boutiquen (S. 51) erwarten. Alternativ können Sie auch den mit Antiquitäten gefüllten, faszinierenden Fondouk Ouarzazi erkunden. Wer Lust hat, die Souks zu durchstöbern, startet hier zu einem Abstecher. Die Märkte (S. 40) beginnen unmittelbar nördlich von hier.

7–8

Gehen Sie zurück auf den Djemaa el Fna (S. 38). Am frühen Abend werden die Stände aufgebaut und die Künstler starten ihre Shows. Dann treffen Sie Märchenerzähler, Akrobaten, Wahrsager und Gnaoua-Musiker. Beschließen Sie den Tag mit einem köstlichen marokkanischen Essen an einem der Imbissstände (S. 39), etwa mit Couscous und Brochettes (Fleischspieße) oder einer Schüssel Schnecken.

Gönnen Sie sich unterwegs eine kleine Pause!

KLEINE PAUSE

Essen Sie mittags auf halber Strecke in **Les Jardins de la Koutoubia** (P65) am reizenden Pool der Snackbar Imlil (tägl. 12–16 Uhr).

Gegarte Schnecken auf dem Djemaa el Fna

Ein königlicher Spaziergang

Start/Ziel	Djemaa el Fna
Wann?	ab 9 Uhr morgens
Länge	2 km
Dauer	4 Stunden mit Mittagessen und Besuch der Palais

Diese Rundtour führt durch das königliche Kasbah-Viertel im Süden der Medina. Es ist eine Tour, die Sie tief in die Geschichte Marrakechs eintauchen lässt. Man besucht zwei großartige Paläste und zwei interessante Museen – und hat zwischendurch immer wieder die Gelegenheit, gemütlich einen Kaffee zu trinken oder Kleinigkeiten einzukaufen.

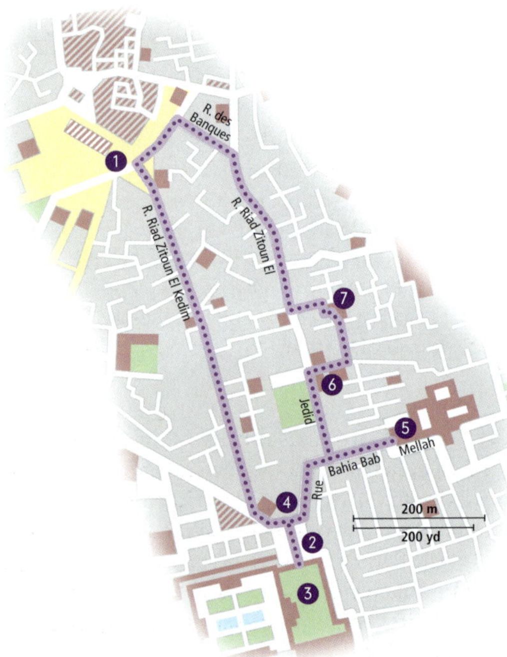

1–2
Verlassen Sie den Djemaa el Fna (S. 38) entlang der verkehrsberuhigten und von Ledergeschäften gesäumten Rue Riad Zitoun El Kédim. Sollten Sie für Ihren Heimweg einen größeren Koffer für Ihre Einkäufe benötigen, finden Sie ihn hier. Folgen Sie der Straße, die am Place des Ferblantiers (S. 73) endet. Hier erhalten Sie z. B. handgearbeitete traditionelle Laternen in allen Formen und Farben.

Spurensuche in den Ruinen des Palais el Badii

2–3
Gehen Sie geradeaus über den hübschen Platz und dann rechts zum wuchtigen Palais El Badii (S. 66). Dieser einst glanzvolle Palast ist heute eine von Störchen bewohnte Ruine, in der die außergewöhnliche »Himmelsleiter«, der Minbar aus der Koutoubia, aufbewahrt wird.

3–4
Gehen Sie zurück zum Place des Ferblantiers, legen Sie eine Pause ein und schauen Sie den Eisenschmieden bei ihrer Arbeit zu. Genießen Sie einen Minztee oder einen Snack in der Kosybar (S. 74) oder in einem der Terrassencafés.

4–5
Verlassen Sie den Place des Ferblantiers auf demselben Weg, biegen Sie an der Hauptstraße gleich rechts ab und gehen Sie auf dem unebenen Gehweg rechts weiter. Bevor er rechts abbiegt, können Sie zum Markt der Mellah (S. 70) weitergehen und die Strecke dadurch etwas abkürzen. Oder Sie folgen der Wegbiegung nach rechts und überqueren die Straße, die rechter Hand direkt zur Top-10-Sehenswürdigkeit Palais de la Bahia (S. 60) führt.

5–6
Wenn Sie den Palast verlassen, halten Sie sich rechts und gehen auf der verkehrsberuhigten Rue Riad Zitoun El Jedid weiter. Der Gehweg ist schmal und wird manchmal durch parkende Autos blockiert. Nach etwa 100 m erreichen Sie rechter Hand die erste größere Seitengasse. Sobald Sie den Torbogen durchschritten haben, sehen Sie auf der rechten Seite das Museum Dar Tiskiwin (S. 69). Machen Sie eine Pause im Hof oder in dem kleinen Salon und genießen Sie die friedliche Atmosphäre des wunderschönen historischen Gebäudes.

6–7
Sobald Sie das Dar Tiskiwin verlassen, wenden Sie sich nach rechts und sofort nach links in Richtung Dar Si Saïd (S. 68), das leicht an dem großen Schild auf den riesigen Mauern zu erkennen ist. Verlassen Sie das Museum nach rechts und gehen sofort wieder rechts bis zum Schild unter dem Tor, das zum Djemaa El Fna weist.

Bunter Trubel abends auf dem Djemaa el Fna

7–1
Nach wenigen Metern erreichen Sie die Rue Riad Zitoun El Jedid mit ihren Geschäften und Einkaufsmöglichkeiten; hier finden Sie auch Cafés und kleine Restaurants, in denen Sie zu einer Rast einkehren können. Folgen Sie dieser Straße rechts zurück zum Djemaa el Fna. Wenn Sie abends zurückkehren, haben Sie jetzt unzählige Möglichkeiten, an den verschiedensten Ständen einen Imbiss zu sich zu nehmen oder dem bunten Treiben auf dem Platz zuzuschauen.

KLEINE PAUSE
Die **Kosybar** (S. 74) haben Sie die Wahl zwischen Lasagne, Curry, Pasta oder Sushi. Sie können aber auch einen Cocktail, ein Glas Wein oder Bier mit Blick auf den Place des Ferblantiers genießen.

Ein Bummel durch Guéliz

Start/Ziel	Place du 16 Novembre
Wann?	Tagsüber zur besten Shopping-Zeit
Länge	1,5 km
Dauer	2 Stunden

Der einfache Rundgang führt Sie durch ein Shopping-Paradies vorbei an zahlreichen Cafés und ausgezeichneten Restaurants. Hier finden Sie die Stores der internationalen Ketten und Modelabel, und das gastronomische Angebot könnte sich auch in Soho, New York oder Berlin sehen lassen. Die meisten Boutiquen sind mittags von etwa 13 bis 15.30 Uhr und sonntags geschlossen. Da die Geschäfte bis 19.30 Uhr geöffnet sind, könnten Sie den Einkaufsbummel mit einem Abendspaziergang und einem Abendessen in einem der empfehlenswerten Restaurants (S. 149) verbinden.

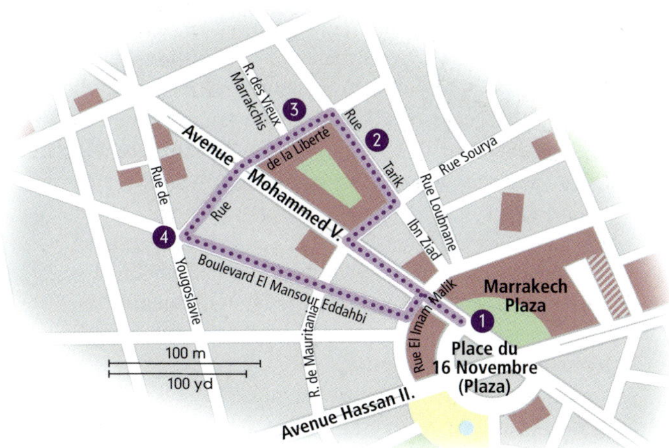

Rund um den Place du 16 Novembre gibt es Restaurants, Cafés und Shops.

1–2

Starten Sie am Place du 16 Novembre am Grand Café de la Poste (S. 122). Genießen Sie einen stärkenden Kaffee oder einen kleinen Snack. Folgen Sie der Avenue Mohammed V und biegen Sie noch vor der neuen Mall Carré Eden auf der rechten Straßenseite rechts ab in die Rue Imam Malek und sofort wieder nach links in die Rue Tarik Ibn Ziyad.

Auf der rechten Seite liegt das Café du Livre (S. 122), das sich zunehmend als gesellschaftlicher Treffpunkt etabliert. Sein Eingang befindet sich im Hôtel Toulousain auf der ersten Etage. Hier können Sie bei frischem Fruchtsaft und knackigen Salatvariationen in englischsprachiger Reiseliteratur und internationalen Zeitschriften schmökern.

2–3

Aus dem Café kommend gehen Sie rechts Richtung Rue de la Liberté, dann links und gleich wieder rechts in die Rue des Vieux Marrakchis. Dort finden Sie das Geschäft von Michèle Baconnier (S. 124) sowie die hervorragende Galerie David Bloch (S. 27), die Werke moderner marokkanischer Künstler zeigt. Auf dieser Straße können Sie nach Herzenslust Schaufenstershopping betreiben oder die vielen Boutiquen bis jenseits der kreuzenden Avenue Mohammed V durchstreifen. Die meisten Läden führen Bekleidung oder Wohnaccessoires, die voll im Trend liegen und dennoch ihre marokkanische Herkunft nicht verleugnen können. Viele Geschäfte sind klimatisiert, das junge Personal ist hilfsbereit und polyglott – und die Preise sind fix.

3–4

Am Ende der Rue de la Liberté, gegenüber vom Côté Sud, liegt ein Lokal mit köstlichsten Speisen. Das Kechmara (S. 123) mit seiner minimalistischen Einrichtung und angenehmer Musik lädt zu jeder Tageszeit zu einem perfekten Zwischenstopp ein.

4–1

Von hier aus biegen Sie links ein in den mit Bäumen gesäumten Boulevard El Mansour Eddahbi mit seinen verführerischen Kunstgalerien und Straßencafés. Kehren Sie zurück zum Place du 16 Novembre. Wenn Sie hungrig sind, bietet sich das Grand Café de la Poste zum Abendessen an; oder Sie gehen ins Al Fassia (S. 123), einem hervorragenden Restaurant gleich um die Ecke.

KLEINE PAUSE

Neben einer Pause in den zahlreichen Cafés der Neustadt ist ein Mittag- oder Abendessen im **Kechmara** (S. 123) ein heißer Tipp. Der strahlende Stern der hiesigen modernen Gastronomie verheißt zu jeder Tageszeit ein Erlebnis.

Shop till you drop: in den Stores an der Avenue Mohammed V

Tee und süßes Gebäck gehören zu jedem Tag in Marrakech.

Praktische Informationen

Was vor der Reise wichtig ist, wie Sie vor Ort gut zurechtkommen und viele Infos mehr erfahren Sie hier.

Seite 152–169

Auskunft

Touristeninformation: Marokko wird in Europa durch das Fremdenverkehrsamt ONMT (Office National Marocain du Tourisme) vertreten. Weitere Büros gibt es in Düsseldorf und Zürich.

Marokko FVA (Fremdenverkehrsamt):
✉ Graf-Adolf-Str. 59, 40210 Düsseldorf
☎ 0211 37 05 51
🌐 marokko@mfva.de
ONMT Zürich:
✉ Schiffslände 5, 8001 Zürich
☎ 02 52 77 52
🌐 info@marokko.ch.
Gemeinsame Website:
🌐 www.visitmorocco.com.

Websites
www.marokko.com
Umfangreichste deutschsprachige Website zu Marokko mit einem Forum, in dem alle Fragen rund um Marokko und Reisen nach Marokko behandelt werden
www.trekking-marokko.de
Private Website mit vielen Infos rund um Marokko und das Reisen innerhalb des Landes – nicht nur fürs Trekking
www.facebook.com/MarokkoNews/
Facebook-Seite mit stets aktuellen Informationen rund um das politische Geschehen in Marokko
www.maghreb-post.de
Sehr informative deutschsprachige und kostenlose Online-Zeitschrift über Marokko

Botschaften

Botschaften des Königreichs Marokko in Deutschland:
✉ Niederwallstr. 39, 10117 Berlin
☎ 030 20 61 240
🌐 www.botschaft-marokko.de
in der Schweiz:
✉ Helvetiastr 42, 3005 Bern
☎ 031 35 14 630
in Österreich:
✉ Hasenauerstr. 47, 1180 Wien
☎ 01 58 66 651

Generalkonsulat des Königreichs Marokko:
✉ Ostparkstr. 35,
60384 Frankfurt
☎ 069 94 94 59 199
🌐 www.consulat.ma/fr
✉ Cecilienallee 14,
40474 Düsseldorf
☎ 0211 65 04 510

Botschaften in Marokko:
Deutschland
✉ 7, Zankat Madnine, Rabat
☎ 0537 21 86 00
🌐 www.rabat.diplo.de
◷ Mo–Fr, 9–12 Uhr

Österreich
✉ 2, Zankat Tiddas, Rabat
☎ 0537 76 40 03 u. 76 16 98
🌐 www.bmeia.gv.at/oeb-rabat
◷ Mo–Fr, 9–12 Uhr

Schweiz
✉ Square de Berkane, Rabat
☎ 0537 26 80 30
🌐 www.eda.admin.ch/rabat
◷ Mo–Fr, 8–11 Uhr

Elektrizität

In Marokko beträgt die Spannung 220 V, in manchen Gegenden jedoch noch 110 V. Normalerweise ist kein Adapter nötig.

Ermäßigungen

In Marokko bekommen Kinder und Studenten Ermäßigungen. Das Alter der Kinder variiert je nach Einrichtung. Allerdings lohnt sich das nur bedingt, da die meisten Eintritte sowieso sehr günstig sind.

Feiertage

Die Marokkaner feiern gern und oft. In Marrakech finden unzählige Festivals statt. Während man religiöse Feiertage (deren Datum sich von Jahr zu Jahr ändert) vor allem in der Familie feiert, werden Staatsfeiertage öffentlich und meist mit Paraden in den großen Städten gefeiert.
Die religiösen Feiertage verschieben sich aufgrund des Mondkalenders jedes Jahr um rund zehn Tage.

Staatliche Feiertage
1. Januar: Neujahr
1. Mai: Tag der Arbeit
30. Juli: Thronfest
21. August: Fest der Jugend (Geburtstag des Königs)
6. November: Jahrestag des Marche Verte
18. November: Unabhängigkeitstag

Religiöse Feiertage
Ashoura (islamisches Neujahrsfest, Tag des Feuers und des Wassers)
Moulid an Nabi (Geburtstag des Propheten)
Ramadan (Fastenmonat)
Aid al Saghir (Ende des Fastenmonats)
Aid al Adha (Opfer- oder auch Hammelfest)

Geld
Währung: Die Währungseinheit von Marokko ist der Dirham (DH), unterteilt in 100 Centimes. Banknoten gibt es in den Einheiten 10, 20, 50, 100 und 200 DH, Münzen in den Einheiten 5, 10, 20 und 50 Centimes sowie 1, 2, 5 und 10 DH.
Geldwechsel: Bargeld wechselt man am besten in Wechselstuben (z. B. am Flughafen); es wird keine Gebühr erhoben. Einige Banken verfügen inzwischen über Geldautomaten (distributeur automatique, guichet automatique) mit Wechselfunktion. Größere Hotels tauschen ebenfalls Bargeld. Bewahren Sie alle Ihre Belege bis zur Ausreise auf.
Banken und Kreditkarten: Um den Djemaa El Fna und in den meisten Banken finden Sie Geldautomaten, an denen mit Bank- oder Kreditkarte Geld abgehoben werden kann. Kreditkarten werden in den meisten Hotels und Geschäften akzeptiert, aber für kleine Käufe in den Souks sollten Sie Bargeld bereithalten. Bei größeren Einkäufen akzeptiert der Verkäufer eventuell auch Ihre Kreditkarte. Unter der einheitlichen **Sperrnotruf-Nr.** 0049 116 116 (www.sperr-notruf.de) kann man in Deutschland Bank- und Kreditkarten, Handys, den Zugang zum Online-Banking sowie die elektronische Identitätsfunktion des Personalausweises bei Verlust sperren lassen.
Für Österreich gilt die Telefonnummer: 0800 204 8800.
Die Schweiz hat keine einheitliche Notfallnummer. Die wichtigsten sind:
0041 44 659 69 00 (Swisscard)
0041 44 828 31 35 (UBS Card Center)
0041 58 9 58 83 83 (VISECA)
0041 44 8 28 32 81 (Postfinance)

Gesundheit
Krankenversicherung: Die wenigsten deutschen Krankenkassen übernehmen Behandlungskosten vor Ort. Es ist deshalb durchaus sinnvoll, eine private Zusatz-Auslandskrankenversicherung abzuschließen. Sie übernehmen dann auch den Rücktransport in die Heimat. In größeren marokkanischen Städten stehen gut ausgebildete Ärzte zur Verfügung. Die Notfallversorgung in staatlichen Krankenhäusern ist kostenlos.
(Zahn-)Ärzte: Falls nötig, sollten Sie sich von Ihrem Hotel einen Zahnarzt (dentiste) oder Allgemeinmediziner (médecin généraliste) empfehlen lassen.
Krankenhäuser: Die besten Krankenhäuser in Marrakech sind die Clinique l'Aéroport Marrakech (0524368600, www.cliniqueaeroport.com). Es wird Arabisch und Französisch gesprochen, vereinzelt auch Englisch. Führen Sie stets Versicherungsdaten und Bargeld mit sich. In Marrakech praktiziert die deutsche Ärztin Frau Dr. Getrud Michaelis (0524 448343). Sie ist kompetent und freundlich.
Medikamente: Nehmen Sie Kopien Ihrer Rezepte mit. In den Apotheken erhalten Sie die meisten Medikamente günstiger als in Europa und ohne Rezept. Bei ernsthaften Erkrankungen sollten Sie in jedem Fall einen Arzt aufsuchen.
Trinkwasser: Leitungswasser sollte nicht getrunken werden. Kaufen Sie Wasserflaschen und trinken Sie ausreichend.

In Kontakt bleiben
Post: Die Hauptfiliale der Post liegt am Place du 16 November in Guéliz in der Neustadt (Mo–Do: 8.30–14 Uhr und 15–18 Uhr, freitags 8.30–11.30 Uhr und 15–18 Uhr). Briefmarken erhalten Sie auch in vielen kleinen Boutiquen, die auch Postkarten u. ä. [illegible] Briefe von/nach Europa sind min[illegible] eine Woche unterwegs.

Öffentliche Telefone: Telefonieren ist in Marokko deutlich teurer als in Europa. Anrufe ins Ausland tätigt man am besten von einer der vielen téléboutiques in der Medina. Sie erkennen sie an den blauen Schildern mit Telefonsymbol; Kleingeld erhalten Sie beim Personal.
Außerdem können Sie die öffentlichen Telefonzellen nutzen, die vor allem in der Neustadt in der Regel funktionsfähig sind; Telefonkarten gibt es bei der Post und in den vielen kleinen Boutiquen, die auch Postkarten u. ä. verkaufen.
Vorwahlen: Auch bei Ortsgesprächen muss stets die Ortsvorwahl gewählt werden. Die Internationalen Vorwahlen lauten für Deutschland 0049, Österreich 0043, die Schweiz 0041 und Marokko 00212.
Mobilfunkanbieter und -dienste: Die drei Anbieter Maroc-Télécom, Inwi und Méditel haben Roaming-Vereinbarungen mit europäischen Unternehmen. Mobiltelefone (portable, »gsm«) wählen sich automatisch in das jeweilige Partnernetz ein. Es kann günstiger sein, vor Ort eine Prepaid-Karte zu erwerben (30 DH, Nachladen ab 10 DH). Geschäfte finden Sie überall. Beim Kauf muss der Ausweis vorgelegt werden.
Internet: Viele Cafés und Restaurants (vor allem in der Neustadt) sowie oft auch Riads bieten kostenlose WLAN-Hotspots. Internetcafés gibt es in Guéliz und in der Gegend um die Rue de Bab Agnaou in der Nähe des Djemaa el Fna (ca. 10 DH pro Stunde).

Notrufe

Polizei	☎ 19
Feuerwehr	☎ 16
Ambulanz	☎ 15

Reisedokumente

EU-Bürger und Schweizer brauchen einen Reisepass, der bei Ausreise noch mindestens 6 Monate gültig ist. Für sie gibt es keine Visumspflicht. Nicht-EU-Bürger müssen sich im Vorfeld bei der marokkanischen Botschaft in Berlin/Bern/Wien erkundigen und ggf. ein Visum beantragen. Kinder brauchen einen eigenen Reisepass mit Lichtbild. Es empfiehlt sich, den Impfpass mitzunehmen. Es gibt keine Pflichtimpfungen. Bei Einreise mit dem eigenen Pkw brauchen Sie Ihren Fahrzeugschein, die Carte Grise, die Carte Verte und den Nachweis für eine Haftpflichtversicherung.
Wer sich einen Wagen mieten möchte, sollte daran denken, sich vorher einen internationalen Führerschein ausstellen zu lassen. Mindestalter dafür ist in Marokko 21 Jahre.

Reisezeit

Marrakech ist mit Ausnahme der unerträglich heißen Monate Juli und August ganzjährig ein Reiseziel. Den meisten Reisenden ist der Winter mit ein paar heißen Tagen warm genug. In den Bergen und im windigen Essaouira ist es ein paar Grad kälter. Es gibt wenig Niederschlag in Marrakech, aber nach einem winterlichen Wolkenbruch werden die Straßen schnell matschig. Erkundigen Sie sich vor einem Ausflug in die Berge nach Behinderungen durch Schnee. An Weihnachten, Neujahr und Ostern ist viel los und alles etwas teurer.
Hauptsaison: 22.12. bis 7.1., März bis Mai
Nebensaison: Januar bis Februar, Juni bis August, November bis 21.12.

Sicherheit

Dank der allgegenwärtigen zivilen Touristenpolizei, die hart gegen Täter vorgeht, ist Marrakech sehr sicher geworden.
Auf dem Djemaa el Fna sind vor allem abends Taschendiebe unterwegs.
Achten Sie auf Berichte zum Nahen Osten und zur restlichen arabischen Welt, die öffentliche Unruhen oder terroristische Anschläge auslösen könnten. Vermeiden Sie unter allen Umständen Demonstrationen und seien Sie wachsam.

Zeit

Die Europäer haben die Uhren, wir haben die Zeit. So sagt man in Marokko. Und gemeint ist damit, man solle es etwas locker angehen lassen und nicht immer alles so genau und pünktlich nehmen!
Also: Seien Sie gelassen, wenn Zeitbegriffe in Marokko etwas anders interpretiert werden

als bei uns. Darüber hinaus gilt in Marokko die Greenwich Meantime (GMT).

Der Unterschied zur Mitteleuropäischen Zeit beträgt minus eine Stunde; die Sommerzeit ist der Sommerzeit in Europa angepasst. Allerdings verschiebt sich die Zeit während des Ramadans immer wieder einmal, vor allem, wenn der Ramadan im Sommer ist. So kann man etwas früher essen.

Zollbestimmungen
Zollfrei eingeführt werden dürfen: 1 l Alkohol (Wein oder Spirituosen), 200 Zigaretten/50 Zigarillos/25 Zigarren; 150 ml Parfüm/250 ml Eau de Cologne. Verboten ist die Einfuhr von pornografischem Material (Filme, Zeitschriften etc.), von Waffen u. ä. Wer mit dem Auto einreist muss auch wieder damit ausreisen, sonst fallen bis zu 300% Zoll an.

ANREISE

Mit dem Flugzeug
Royal Air Maroc (www.royalairmaroc.com) und Ryan Air (www.ryanair.com) haben Non-Stopp-Flüge nach Marrakech im Angebot. Easyjet (www.easyjet.com), Air Arabia (www.airarabia) und TuiFly (www.tuifly.de) bieten von verschiedenen Orten Flüge nach Marrakech an. Easyjet (www.easyjet.com) fliegt auch ab Genf und Basel. Direktflüge von Köln/Bonn nach Marrakech dauern ca. vier Stunden.
Wer umsteigen muss oder keinen guten Flug direkt nach Marrakech bekommt, kann auch Casablanca ansteuern, z. B. mit Air Arabia (www.airarabia.com) oder Lufthansa (www.lh.de). Ab Casablanca kommt man problemlos per Bahn weiter (Bahnhof im Flughafen) nach Marrakech. Wer nicht auf Marrakech als Reiseziel angewiesen ist, sondern auch gern einen anderen Flughafen in Marokko ansteuert, ist bei Ryan Air und Royal Air Maroc am besten aufgehoben. Es werden die Städte Agadir, Fès, Nador, Ouarzazate, Oujda und Tanger angeflogen.
Vom Flughafen in die Stadt: Der Flughafen Menara liegt 6 km außerhalb vom Zentrum Marrakechs. Mit dem Taxi brauchen Sie vom Flughafen in die Innenstadt etwa 10–15 Minuten, in die Neustadt und nach La Palmeraie ca. 20 Minuten.
Ein Taxi in die Innenstadt oder Neustadt kostet ca. 80 DH, in die Palmeraie etwa 120 DH; nachts muss man mit etwas mehr rechnen. Vereinbaren Sie den Preis vor Fahrtantritt.
Es gibt auch eine Busverbindung zwischen dem Flughafen und der Innenstadt. Buslinie 19 fährt alle 30 Minuten zum Djemaa el Fna. Busfahrkarten kosten etwa 30 DH und sind im Bus erhältlich, die Haltestelle liegt linker Hand vor der Abfertigungshalle.
Mit der Bahn: Die meisten Marrakech-Urlauber werden am Flughafen ankommen, manche jedoch auch mit dem Zug, z. B. aus Casablanca. Sowohl vom Flughafen als auch vom Bahnhof aus erreichen sie die Innenstadt unkompliziert, denn beides liegt nahe am Zentrum.
Wenn Sie bereits ein Hotel oder ein Riad gebucht haben, ist es am einfachsten, sich abholen zu lassen.
Mit dem Auto: Eine Reise mit dem Auto nach Marrakech ist etwas sehr Ausgefallenes. Doch wer die Zeit dafür hat, wird mit einem Erlebnis der Sonderklasse belohnt. Für die einfache Fahrt sollten Sie mindestens je drei Tage einplanen. Wer aber einen Städtetrip nach Marrakech plant, nimmt wahrscheinlich doch eher den Flieger!

UNTERWEGS IN MARRAKECH

Marrakech mag auf den ersten Blick verwirrend und groß scheinen, aber wenn man sich ein wenig eingefunden hat, ist alles wirklich einfach zu entdecken und zu erkunden. Innerhalb der Medina bewegt man sich am besten zu Fuß, in den kleinen Gassen dürfen sowieso keine Autos fahren. Auch ein Fahrrad kann nützlich sein, ist aber im Souk nicht zu empfehlen.
Auch die Neustadt ist gut zu Fuß zu erkunden, doch die Entfernungen sind größer. Innerhalb der Neustadt fährt eine Tramway. Natürlich können Sie auch den Bus nehmen, doch bei den günstigen Taxi-Preisen ist das eigentlich nicht notwendig.
Es sei denn, es ist Ihnen zu anstrengend, den Preis mit dem Taxifahrer zu verhandeln, weil

er das Taxameter nicht anstellen will oder zu hohe Kosten für eine Fahrt ansetzt. Wer lieber mit dem Fahrrad unterwegs ist, findet überall Verleihstationen.

Mit dem Öffentlichen Nahverkehr

In Marrakech setzt man ganz auf Solarenergie. Und so verwundert es auch nicht, dass die Stadt eine E-Bus-Linie im Tramdesign gebaut hat. Bisher gibt es nur eine einzige Linie, doch das ist erst der Anfang! Bald soll ganz Marrakech von den Elektrobahnen, die mit Solarstrom betrieben werden, durchzogen sein. Doch bis das der Fall ist, wird es noch ein wenig dauern.

Derzeit kann man von Targa (ganz im Westen der Stadt an der Route d'Essaouira) durch die Massira-Viertel, vorbei am Bahnhof ONCF und dem Place 16 Novembre zum Bab Doukkala fahren.

Die Tickets gibt es an den Haltestellen an Automaten und kosten pro Fahrt 4 DH.

Busse

Bus Nr. 1 bringt Sie von der Medina nach Guéliz in der Neustadt und weiter zum Busbahnhof, Nr. 8 fährt über den Busbahnhof am Bab Doukkala zum Zugbahnhof (gare des trains), Nr. 10 zum Busbahnhof (gare routière), Nr. 11 über den Jardin Ménara in die Nähe des Flughafens südwestlich der Stadt und Nr. 3 zum Jardin Majorelle. Die Busse fahren am Place Foucauld ab.

Fahrkarten sind im Bus für etwa 3–5 DH erhältlich.

Sightseeing-Touren

Unübersehbar sind die roten Doppeldeckerbusse, mit denen Sie auf Sightseeingtour gehen können. Mit einem 24-Stunden-Ticket verschaffen Sie sich bequem einen ersten Überblick über die Stadt. Die marokkanische Busgesellschaft Alsa (☎ 0663 52 77 97, http://alsa.ma) bietet zwei Touren an:

Die Tour Historique führt vom Place de Foucauld entlang der Avenue Mohamed V nach Guéliz, vorbei am Théatre Royal und dem Palais des Congrès zu den Menara-Gärten. Von dort geht es über das Hivernage-Viertel, vorbei am legendären Hotel La Mamounia, zu den Saadiergräbern und weiter zum Palais El Badii, bevor es zurück zur Koutoubia und dem Place de Foucauld geht.

Die Tour Oasis führt von Guéliz durch das Einkaufszentrum von Es-Saada und von dort durch die große Palmeraie von Marrakech. Vorbei an großen Villen und Filmdrehorten geht es über den Jardin Majorelle wieder nach Guéliz.

Der Ein- und Ausstieg ist bei den meisten Hotels entlang der Routen möglich; die Busse fahren alle 30 Minuten (Tour Historique:

9–19 Uhr, im Sommer bis 21 Uhr, im Ramadan bis 18 Uhr; Tour Oasis 9–18 Uhr, im Ramadan bis 17 Uhr.

1 Tag 145 DH, 2 Tage 165 DH

Mit einem Stadtführer

Manche mögen Stadtführungen, weil sie sich z. B. mit der Sprache unsicher fühlen oder weil sie sich gern erst einmal alles zeigen lassen möchten, bevor sie sich in eine Stadt stürzen. Andere wollen lieber von Anfang an alles allein erkunden. Wer darüber nachdenkt, sich einen Stadtführer in Marrakech zu nehmen, muss sich darüber im Klaren sein, dass solche Touren nicht selten in einem Teppichgeschäft enden oder in einem Schmuckbasar, der angeblich dem Onkel gehört, der zufällig genau heute Waren von den echten Touareg bekommen hat ... das muss nicht sein, ist aber leider dennoch häufig so.

Wenn Sie keine Probleme damit haben oder auf Ihr Glück hoffen, nicht an so einen Führer zu geraten, oder wenn Ihr Hotel Ihnen zusichert, dass das nicht passiert, dann ist es am einfachsten, einen Stadtführer über Ihre Unterkunft zu buchen.

Mit dem Auto

Ein Auto ist in Marrakech nicht wirklich nötig. Die Entfernungen sind gering und Taxis günstig. Es lohnt sich aber durchaus, für Ausflüge in die Umgebung oder in die Berge ein Auto zur Verfügung zu haben. Autovermietungen sind in der Neustadt ansässig; Sie sollten allerdings vorab reservieren. In der Regel sind die Anbieter

vor Ort günstiger. Achten Sie darauf, dass die Versicherung alle Eventualitäten abdeckt, denn Unfälle sind in Marokko keine Seltenheit. Eine zuverlässige Autovermietung ist z. B. Benkhoya Cars
☎ 0600 22 29 88
🌐 http://carrentalinmarrakech.com
Sie können auch ein Auto mit Fahrer für ein paar Stunden (z. B. bei Marrakech Around Tours; www.marrakech-around-tours.com), einen Tag und selbst längere Zeiträume mieten oder auch ein großes Taxi zur privaten Nutzung. Die Kosten sind nur wenig höher als für einen Mietwagen.

Mit dem Taxi
Die gelben Kleinwagen kurven durch die ganze Stadt. Man kann sie vom Straßenrand aus herbeiwinken. Petits taxis fahren nur bis zur Stadtgrenze und nehmen maximal drei Fahrgäste mit. Wenn der Fahrer das gesetzlich vorgeschriebene Taxameter – dieses ist oft »defekt« – nicht einschaltet, können Sie darauf bestehen bzw. vor der Fahrt einen Fixpreis vereinbaren.
Rechnen Sie mit 20 DH für eine Fahrt von der Medina zur Neustadt; 50–60 DH (inkl. Preisnachlass) kostet eine Fahrt in die Palmeraie.

Nennen Sie dem Fahrer bei Fahrtantritt klar und deutlich ihr Ziel. Es kommt vor, dass Fahrer sich nicht auskennen; lassen Sie sich in diesem Fall bei nächster Gelegenheit absetzen. Manchmal werden unterwegs auch noch weitere Passagiere mitgenommen.

Mit dem Großtaxi
Die Limousinen (meist der Marke Mercedes) bieten bis zu sieben Personen Platz. Allerdings sind die engen Gassen der Medina für Großtaxis gesperrt.

Ansonsten können Sie diese für jedes beliebige Ziel mieten; für Fahrten in die Umgebung von Marrakech sind sie eine gute Alternative zu Mietautos. Großtaxis haben keine Taxameter, vereinbaren Sie den Preis vor der Fahrt.

Mit der Kutsche
Von den offenen Pferdegespannen haben Sie eine gute Sicht und erleben Marrakech hautnah, wenngleich der immer dichter werdende Verkehr das Vergnügen trübt.
Vereinbaren Sie den Preis vor der Fahrt; zum Stundentarif von ca. 110–135 DH können Sie viele wichtige Sehenswürdigkeiten erreichen.
✉ Den Kutschenstand finden Sie am Place de Foucauld an der südwestlichen Seite des Djemaa el Fna (S. 38).

Mit dem Fahrrad
Das Konzept ist wirklich überzeugend und seine Umsetzung nicht weniger! An vielen gut frequentierten Orten in Marrakech gibt es Fahrradstationen, wo man sich ein Fahrrad leihen kann, um es an einer anderen Station wieder abzugeben. Die Preise sind günstig, das System wird über eine App gesteuert und bezahlt.
Die ersten 30 Min. sind kostenlos, danach kostet jede angefangene Stunde 10 DH. Ein Tagespass kostet 50 DH.
Infos und die Lage der Fahrradstationen findet man auf
🌐 https://medinabike.ma. ☎ 0524 38 46 01
◕ tägl. 24 Std.

ÜBERNACHTEN

Die Riads vermitteln in dem Chaos und Lärm der Medina Geborgenheit und Frieden. Sie werden oft von Europäern geführt. Individuelles Flair, eine exquisite Ausstattung und hilfsbereites Personal machen den Aufenthalt zu einem echten Highlight.

Wer allerdings auf Komfort wie Minibar, TV und Telefon im Zimmer nicht verzichten will oder mit Kindern reist, ist wohl in einem der modernen und ansprechenden Hotels in der Neustadt besser aufgehoben.

Übernachtungspreise
für ein Doppelzimmer pro Nacht (ohne Frühstück)

€	unter 80 Euro
€€	80-150 Euro
€€€	über 150–200 Euro

Bab Hotel €
Das moderne, professionell geführte Hotel bietet preisgünstige Zimmer mit

1970er-Jahre-Flair. Bar und Restaurant sind auch beim Szenepublikum aus Marrakech beliebt. Hier finden regelmäßig Ausstellungen statt, Konzerte und andere Veranstaltungen.
✈ 170 B1
✉ Ecke Boulevard El Mansour Eddahbi/Rue Mohammed El Beqal, Guéliz
☎ 0524 43 52 50
🌐 www. babhotelmarrakech.ma

Dar Daoud €
Superschön! Das ehemalige Wohnhaus des bekannten deutschen Malers Hans Werner Geerdts ist ein kleines Schmuckstück in Weiß und Blau. Bader, die gute Seele des Hauses, kümmert sich liebevoll um die Gäste und kocht auch hervorragend für sie. Es gibt Zimmer mit und ohne Bad und eine herrliche Dachterrasse.
✈ 176 B/C4
✉ Derb el Hammam, Mouassine
☎ 0524 38 17 79
🌐 www.dar-daoud.com

Dar Les Cicognes €€€
Wie in den meisten Riads ist auch in diesem luxuriösen Hotel jedes Zimmer individuell gestaltet. Es gibt zwar keinen Pool, Ruheoasen sind dafür die Terrassen, der Innenhof, die Bücherei oder der Hammam.
✈ 177 D2
✉ 108, Rue de Berrima, Medina
☎ 0524 38 27 40
🌐 www.lescigognes.com

Les Jardins de la Koutoubia €€€
Eine der wenigen luxuriösen und kinderfreundlichen Unterkünfte in der Medina. Das namhafte Hotel hat charmantes Personal, drei Pools und drei großartige Restaurants. Das Spa steht auch anderen Gästen offen.
✈ 176 B4
✉ 26, Rue El Koutoubia, Medina
☎ 0524 38 88 00
🌐 www.lesjardinsdelakoutoubia.com

Jnane Mogador €
Schlicht und preiswert, aber immer wieder gut bewertet. Bestehen Sie bei Reservierungen auf einer schriftlichen Bestätigung. Frühstück und Abendessen werden extra berechnet. Hammam, tolle Aussicht vom Dach und nur wenige Minuten vom Djemaa el Fna entfernt.
✈ 176 C3
✉ 116, Rue Riad Zitoun El Kedim, derb Sidi Bouloukat, Medina
☎ 0524 42 63 23
🌐 www.jnanemogador.com

Le Riad Bèrbère €/€€
Ein Traum in Weiß, Rot und Grün. Herrlicher, riesiger Innenhof mit Palmen und Orangenbäumen, schlichte, aber elegante Salons und herrliche Zimmer ganz in Weiß: Das ist Le Riad Bèrbère. Nur fünf Zimmer, zentral gelegen. Mehr braucht es nicht.
✈ 176 C4
✉ Derb Sidi Ahmed Ben Nasser, Kaat Ben Nahid
☎ 0524 38 19 10 🌐 www.leriadberbere.com

Riad 11 Zitoune €/€€
Klein, aber oho! Sehr schön, in Türkis, Blau und Petrol eingerichtet mit winzigem Innenhof und schöner Dachterrasse. Die Zimmer sind herrlich, zum Teil mit privatem Balkon und größer als man beim Innenhof denken würde! Freundliche, deutsche Besitzer, sehr nettes Personal.
✈ 176 C3
✉ Derb Lakhdar, Rue Riad Zitoune Lakdim
☎ 0524 37 60 66 🌐 www.riad11.com

Riad El Fenn €€€
Das ultraschicke Riad in der Nähe vom Bab el Ksour ist gut zu erreichen. Pop-Art-Farben in Kombination mit typischen Marrakech-Motiven, moderne Werke internationaler Künstler an den Wänden und ein großartiges Restaurant mit Bar machen diese Unterkunft zu etwas Besonderem.
✈ 176 B4
✉ Derb Moulay Abdullah Ben Hezzian, Bab El Ksour, Medina
☎ 0524 44 12 20/10
🌐 https://el-fenn.com

Riad Enija €€€
Das Riad mit geschnitzten Türen und Lampen aus Indien ist märchenhaft. Beim

Abendessen im Garten geben Ihnen Musikanten und Singvögel ein Ständchen. Der Pool liegt etwas abseits. Kein Hammam, dafür aber erstklassige Massagen und freundlicher Service.
✈ 176 C4
✉ 9, Derb Mesfioui, bei Rue Rahba Kedima, Medina
☎ 0524 44 09 26
🌐 www.riadenija.com

Riad Farnatchi €€€
Buchen Sie Suite 1: Ein privates winziges Riad mit plätscherndem Brunnen. Genießen Sie ein Candle-Light-Dinner oder ein Barbecue für Zwei auf dem Dach, kuscheln Sie sich in die b'hous (überdachte Sitzecken) oder lassen Sie sich im Hammam abschrubben. Der hervorragende Service macht dieses Riad unvergleichlich.
✈ 176 C5
✉ Derb El Farnatchi, Rue Souk El Fassis, Medina
☎ 0524 38 19 10
🌐 www.riadfarnatchi.com

Riad el Cadi €€/€€€
Eine der besten Adressen der Stadt: Das noble, schicke und sehr gut geführte Riad erstreckt sich über mehrere Häuser und Innenhöfe. Das Haus ist mit Kunsthandwerksschätzen aus verschiedenen Ländern dekoriert.
✈ 176 C4
✉ 86 Derb Moulay Abdelkader Dabachi
☎ 0524 37 86 55
🌐 www.riyadelcadi.com

Villa des Orangers €€€
Das Hotel der Gruppe Relais & Châteaux bietet jederzeit hervorragenden Service, erstklassige Gastronomie, elegante, luxuriöse Zimmer und ein wunderbares Spa.
✈ 176 B3
✉ 6, Rue Sidi Mimoun, Medina
☎ 0524 38 46 38
🌐 www.villadesorangers.com

Außerhalb von Marrakech
Beldi Country Klub €€
Gutes Essen, vier Pools und diverse Spa-Anwendungen. Die Anlage wurde zuletzt um ein Hotel mit sehr schönen, rustikalen Zimmern in einem 15 ha großen Garten ergänzt.
✈ Außerhalb der Karte
✉ Route du Barrage, bei Km 6, Cherifia
☎ 0524 38 39 50
🌐 www.beldicountryclub.com

Kasbah du Toubkal €/€€€
Diese restaurierte Festung im Atlas-Gebirge, 60 km von Marrakech entfernt, ist ein reizendes Ziel. Die Aussicht ist unglaublich, die Einsamkeit schon fast spirituell. Die Zimmerauswahl reicht von günstigen Gemeinschaftsräumen bis zu luxuriösen Suiten.
✈ Außerhalb der Karte
✉ Imlil, Asni, Hoher Atlas
☎ 0524 48 56 11
🌐 www.kasbahdutoubkal.com

ESSEN UND TRINKEN

In Marrakech essen zu gehen, ist ein fantastisches Erlebnis. Sie sollten allerdings bei der Wahl kritisch sein und sich vorab informieren. Denn die wirklich guten Restaurants eines jeden Stadtteils lassen sich an einer Hand abzählen – rein zufällig werden Sie kaum eines davon entdecken.

Preise für ein Hauptgericht ohne Getränke:

€	unter 170 DH
€€	170–340 DH
€€€	über 340 DH

Einen Tisch reservieren
Da die Plätze in den wirklich guten Restaurants schnell vergeben sind, müssen Sie das Essengehen vorher planen. In Riads sollten Sie am Vorabend oder morgens reservieren.

Am häuslichen Herd gekocht
Essen Sie wenigstens einmal in einem Riad. Die Gerichte werden im Haus zubereitet und sind häufig weit besser als in Restaurants. Viele Riads stehen auch Nicht-Übernachtungsgästen offen; Sie sollten jedoch sicherheitshalber immer einen Tag vorher reservieren. Viele Riads bieten außerdem

kleine ungezwungene Kochkurse an, die sehr zu empfehlen sind.

Kif-kif
In vielen Touristenrestaurants bekommen Sie ein Standardmenü mit Salat, Tauben-Pastilla (gefüllter Kuchen), Tajine, Couscous und marokkanischem Gebäck. Allerdings können nur wenige mit der echten marokkanischen Küche mithalten, sodass sich die meisten Menüs als eine teure und unbefriedigende Erfahrung entpuppen.

Vegetarisches
Marokkanische Salate, oft als Vorspeise (»hors d'oevre«) serviert, sind abwechslungsreich und lecker. Vegetarier haben es in Marrakech dennoch nicht leicht. Fragen Sie den Küchenchef, ob die Harira (Kichererbsensuppe) oder das Couscous au sept Légumes (mit sieben Gemüsesorten) ohne Fleischbrühe zubereitet wurde (was allerdings selten ist).

Omeletts und Pizza werden in zahlreichen Cafés und Restaurants angeboten und werden frisch zubereitet.

Touristenfalle Djemaa el Fna?
Der Platz Djemaa el Fna ähnelt durch die täglichen Scharen von Touristen, die hier geschröpft werden, Orten wie dem Markusplatz in Venedig oder dem Time Square in New York. Lassen Sie sich davon nicht Ihr Abendessen vermiesen: Besonders auf dem Nachtmarkt, auf dem die Preise zudem vernünftig sind, wird auch Leckeres geboten.

In den Restaurants und Cafés direkt am Platz können Sie schnell viel Geld für ein wenig überzeugendes Essen loswerden. Gehen Sie stattdessen zu den Essensständen oder folgen Sie den Empfehlungen in diesem Buch – bei einigen genießen Sie zum guten Essen noch eine großartige Aussicht. Den Preis vorher aushandeln.

Highlights der Kaffee-Kultur
Café des Épices (S. 48)
Café du Livre (S. 122)
Grand Café de la Poste (S. 122)
Jardin Majorelle Café (S. 129)

Romantische Highlights
Al Fassia (S. 123)
Dar Moha (S. 98)
Essensstände auf dem Djemaa el Fna (S. 32, 39)
Le Marrakchi (S. 49)
Le Tobsil (S. 49)

Alkoholische Getränke
Es gibt nur sehr wenige Orte in der Medina, wo Sie alkoholische Getränke bekommen. Genießen Sie daher besser in Ihrem Riad (sofern es eine Schanklizenz hat) einen Aperitif auf der Dachterrasse. Auch etliche Restaurants führen Alkohol, nicht aber die Straßenkneipen rund um den Djemaa el Fna.

Abendessen mit Show
Essen und Entertainment gehören in Marrakech zusammen. Die Einheimischen kommen auf den Djemaa el Fna, um an den Ständen die Spezialitäten zu probieren und dem Spektakel der Straßenkünstler beizuwohnen.

Auch viele Touristenrestaurants präsentieren ihren Gästen beim Abendessen eine Show, z. B. mit Bauchtänzerinnen und Gnaoua-Musikern – die Gagen sind natürlich im Preis enthalten und Trinkgeld wird gern angenommen.

Was kostet es?
Essen gehen kann in Marrakech leicht genauso teuer werden wie zu Hause, besonders wenn Sie Wein, Bier oder andere alkoholische Getränke bestellen.
Die Essensstände auf dem Djemaa el Fna haben ein einzigartiges Flair. Man bekommt hier an vielen Ständen gutes Essen für wenig Geld. Fragen Sie aber vorher dennoch nach dem Preis. In Bars und Cafés verdienen die Kellner nur das Trinkgeld; 10–15 % des Rechnungsbetrags sind daher üblich.

Marokkanischer Kochkurs
Bei einem eintägigen Kochkurs können Sie die einheimische Kultur und Küche am besten kennenlernen. Normalerweise besuchen Sie gemeinsam einen Gewürzbasar und genießen Ihre Kreation am Schluss

selbst.

La Maison Arabe (S. 102)
Eintägiger Koch-Workshop im reizenden Garten der außerhalb gelegenen Villa.

Souk Cuisine
Eintägige Kurse zu moderaten Preisen inklusive Mittagessen mit Wein. Kulinarische Kurse auch am Wochenende: www.soukcuisine.com

EINKAUFEN

Marrakech, einst ein Marktposten der Wüstenhändler, bietet heute Einkaufsvergnügen nach internationalem Maßstab. Hier gibt es eigentlich alles – für jeden Geschmack, für jeden Geldbeutel, von traditionell bis supermodern.

Wohin zum Einkaufen?
Die Läden in der Medina sind zwar voller Atmosphäre, doch wer im Feilschen nicht gerade hartgesotten ist, wird vielleicht die Festpreise in der Neustadt schätzen, auch wenn sie häufig ein Vielfaches über dem Souk-Preis liegen.

In den kleinen Boutiquen in der Neustadt oder in den Concept-Stores der Medina finden Sie moderne Versionen traditioneller Produkte. Die Souks sind ein Einkaufsparadies mit unermesslichem, exotischem Warenangebot. Versuchen Sie zu handeln und zahlen Sie nur den Preis, den Sie wirklich angemessen finden.

Unendliche Souks
Es ist nicht leicht, dem Kaufrausch zu entgehen, wenn man durch Marrakech spaziert! Die schier unendlichen Souks, die Farbenpracht der Waren, die Lockrufe der Händler: Es braucht schon Nerven aus Stahl, um dem Angebot wirklich widerstehen zu können! Alle finden zumindest eine Kleinigkeit, die sie unbedingt haben oder als Mitbringsel erwerben möchten!

Souvenirs
Babouches (traditionelle Pantoffeln) sind ein typisches Mitbringsel. Prüfen Sie zwei wichtige Qualitätsmerkmale: Sie sollten genäht und aus Leder sein, nicht geklebt oder aus Kunststoff. Man bekommt sie ab 70 DH.

Hochwertige marokkanische Teegläser erkennen Sie daran, dass sie handbemalt sind. Investieren Sie lieber ein paar Dirham mehr; bei billigen Gläsern geht die Farbe oft schon beim ersten Spülen ab. Einen Sechserpack gibt es ab ungefähr 60 DH. Seifen aus Argan- oder Olivenöl, aromatisiert mit Rosenwasser, Jasmin oder Orangenblüten, sind eine wohlduftende Erinnerung an Ihre Reise.

Kunsthandwerk
Das überreiche Schmuckangebot auf Marrakechs Märkte reicht vom Silberschmuck der Berber bis hin zu bunten Perlenketten.

In den stylishsten Hotels der Welt hängen inzwischen die riesigen Windlichter mit Kerzen, die Sie in Marrakech beinahe in jedem Riad sehen.

Marrakech ist ein Einkaufsmekka für Lederwaren, egal ob Sie einen Puff (gepolsterte Sitzkissen) oder eine Handtasche aus Kamelleder suchen.

Tajine-Töpfe gibt es an jeder Ecke. Die dekorativen Modelle sind nur zum Anrichten geeignet. Zum Einsatz im Ofen kaufen Sie einen aus Ton.

Djellabahs (traditionelle lange Kaftane mit Kapuze) gibt es aus Wolle für den Winter oder für die Sommerhitze aus Baumwolle.

Feilschen
Kaufen Sie besser nicht an den Ständen rund um den Djemaa el Fna ein, denn die vielen Touristen verderben hier die Preise. Diese sind teilweise doppelt so hoch wie an den Ständen ein paar Meter weiter, das Feilschen ist hier viel schwieriger und die Qualität der Ware oft minderwertiger. Lassen Sie sich nicht anmerken, wenn Ihnen etwas gefällt. Legen Sie zunächst Ihre Maximalgebot fest, bevor Sie nach dem Preis fragen. Bieten Sie weniger, als Sie zahlen würden, und erhöhen Sie langsam den Preis, ohne sich von den Protesten des Anbieters beeindruckt zu zeigen.

Die wichtigste Regel: Bewahren Sie Ihre gute Laune. Es ist alles nur ein Spiel!

Großeinkauf
Denken Sie an die Frachtkosten, bevor Sie größere Gegenstände kaufen. Teppiche müssen nicht einzeln versandt werden; die Geschäfte können sie in einer Transportkiste als Luftfracht versenden.

Die Suche nach echten Antiquitäten gleicht der Suche nach der Stecknadel im Heuhaufen. Schnäppchen sind rar und der wahre Wert ist nur schwer zu schätzen.

Öffnungszeiten
Die Souks sind von samstags bis donnerstags von 9 bis 20 Uhr geöffnet und freitags von 12 bis 20 Uhr; einige Geschäfte in den Souks sind freitags ganz geschlossen oder nur nachmittags geöffnet.

Die Händler in der Nähe des Djemaa el Fna haben freitags oft bis Mitternacht geöffnet. Die meisten Läden in der Neustadt sind sonntags ganz und an allen anderen Tagen von 13–15.30 Uhr geschlossen.

AUSGEHEN

Das Nachtleben Marrakechs verteilt sich auf zwei Stadtteile. In der alten Medina ist es schwierig, außerhalb der Hotels alkoholische Getränke zu bekommen, da der Alkoholgenuss in Sichtweite einer Moschee untersagt ist.

Mit einer wachsenden Anzahl moderner Bars und Nachtklubs macht die Neustadt den Mangel in der Medina allerdings mehr als wett.

Traditionell
Die größte Anziehung üben die abendlichen Essensstände auf dem Djemaa el Fna aus. In diesem riesigen Open-Air-Restaurant können Sie köstliches marokkanisches Fast Food schlemmen – ein riesiges Vergnügen, das bei keinem Marrakech-Besuch fehlen sollte: Sobald es dunkel wird, steigen Rauchwölkchen über Hunderten von Ständen auf und der Platz füllt sich mit Gauklern und Schlangenbeschwörern, jungen Boxern, Folkloremusikern und Travestietänzern. Lassen Sie sich vom Tanz, den Trommeln und dem Klatschen der Gnaoua verzaubern – aber vergessen Sie nicht, ihnen auch einen Obolus zu geben.

Hell erleuchtet
Sowohl die Koutoubia-Moschee als auch die Stadtmauern der Medina sind bei Nacht hell angestrahlt. Spazieren Sie nach Einbruch der Dunkelheit durch die Gärten der Koutoubia, um das geistliche Zentrum Marrakechs im Scheinwerferlicht zu erleben. Die Dämmerung eignet sich hervorragend für eine Kutschfahrt.

Alles Show
In vielen marokkanischen Restaurants mit Touristenmenüs werden Bauchtanz und Folkloremusik aufgeführt. Das moderne Comptoir (S. 125) bietet Menüs à la carte mit Musik und Bauchtanzdarbietungen.

Im 21. Jahrhundert
Die Neustadt erfindet sich laufend neu. Sie ist ganz auf die Bedürfnisse der Weltbürger des 21. Jhs. ausgerichtet. In der Medina mag es schwierig sein, ein Bier zu bekommen, in Guéliz, Hivernage und Umgebung ist das überhaupt kein Problem.

In diesem nordafrikanischen Las Vegas finden Sie Casinos, Bars, Lokale mit Bauchtanz und bunte Nachtklubs. In der Palmeraie und dem ganzen Umland Marrakechs lassen internationale Unternehmen Palmenhaine für riesige Ferienresorts mit Casinos und Nachtklubs roden – dies gehört zum Entwicklungsplan des jungen Königs. Hier zeigt sich Marrakech von seiner modernsten Seite.

Kaffee-Kultur
Die Cafés der Neustadt bieten viel mehr als nur eine Tasse Cappuccino. In den Cafés schlägt das kulturelle Herz des Viertels, man trifft sich, um zu sehen und gesehen zu werden, Geschäfte zu machen oder für ein Rendezvous. Sie sind von vormittags bis in die frühen Morgenstunden geöffnet und zu jeder Tageszeit Oasen der Erholung im Trubel der Stadt.

Kulturtipps im Taschenformat

Besorgen Sie sich das monatlich erscheinende kostenlose Magazin Marrakech Pocket (www.marrakechpocket.com), das in Geschäften und Hotels ausliegt. Es ist auf Französisch verfasst und enthält einen nützlichen Veranstaltungskalender sowie Infos zu Bars, Restaurants, Klubs, etc.

Aktivitäten im Freien
Sie können bei Essaouira windsurfen
✉ Boulevard Mohammed V
☎ 0524 78 39 34
🌐 www.oceanvagabond.com

Auf Kamelen oder mit Geländewagen durch die Sanddünen jagen:
Hotel Klub Palmariva
✉ bei Km 6, Route de Fès
☎ 0661 24 69 48
🌐 www.dunesdesert.com

Oder Sie spielen Golf auf einer der eleganten 18-Loch-Anlagen Marrakechs Golf
Royal Golf Klub
✉ Neustadt 0524 40 98 28
☎ 0524 40 98 28
🌐 www.royal-golf-marrakech.com

Wie wär's mit einem Ausritt in die Berge von der Domaine de La Roseraie in Ouirgane (www.laroseraie hotel.com)?
Oder Sie nutzen einen Tag für die Fahrt zu den spektakulären Wasserfällen im Ourika-Tal (S. 134) und hoch zum Jebel Toubkal (S. 129). Wanderschuhe mitnehmen!

Familiengerecht
Kinder spazieren gern durch die exotische Medina und Marokkaner lieben es, Kinder zu unterhalten. Riads können für Kinder allerdings zu eng werden. Vielleicht ziehen Sie ein Resort-Hotel mit Pool in der Neustadt vor?

Vor allem für Kinder ist ein Ausflug in den Oasiria Water Park eine tolle Abwechslung.

Mehrmals täglich fährt ein Shuttlebus (Abfahrt ab Koutoubia-Moschee, Hinweis: nach dem Bus Ausschau halten, parkt häufig versteckt neben der Moschee). Wasserspielsachen und Lebensmittel dürfen nicht mitgebracht werden. Vor Ort gibt es eine Bar am Wasser und ein Restaurant mit kindgerechter Auswahl. Es empfiehlt sich, vorher über das Internet den Eintritt zu buchen.
Oasiria Water Park
✉ Route de Barrage, bei Km 4
☎ 0524 38 04 38 🌐 www.oasiria.com
🎟 Tageskarte 180 DH
🕘 tägl. 10–18 Uhr

VERANSTALTUNGSKALENDER
Januar: Marrakech-Marathon:
🌐 www.marathon-marrakech.com
Februar: Marrakech-Biennale:
🌐 www.marrakechbiennale.org
April: Festival du Livre:
🌐 www.festivaldulivredemarrakech.com
In Essaouira: Festival des Alizées
Juni: Marrakech du Rire:
🌐 www.marrakechdurire.com
In Essaouira: Festival des Gnaoua:
🌐 www.festival-gnaoua.net
Juli: Festival Nationale des Arts Populaires de Marrakech
August: In Setti Fatma (Ourika): Moussem de Setti Fatma
September: Oasis Festival:
🌐 www.theoasisfest.com
Dezember: Festival International du Film du Marrakech
🌐 www.festivalmarrakech.info

Kleiner Sprachführer

Arabisch oder Französisch?
Das marokkanische Arabisch unterscheidet sich deutlich vom klassischen, außerdem werden in Marokko drei Berberdialekte gesprochen. Einige Marokkaner sprechen fließend mehrere Sprachen.
Im Folgenden sind die Wörter ansatzweise in phonetischer Umschrift wiedergegeben; eine exakte Aussprache ist damit allerdings noch nicht möglich. Wörter oder Buchstaben in Klammern geben die Formen an, die für weibliche Sprecher gelten.

Französisch spielt als Verkehrs- und Bildungssprache immer noch eine große Rolle und wird überall verstanden, weshalb einige Grundbegriffe von Vorteil sind.

IMMER ZU GEBRAUCHEN

Sprechen Sie Deutsch?	**Itkelim Almani?**	**Vous parlez Allemand?**
Ich verstehe nicht	**Mafhemsch**	**Je ne comprends pas**
Ja / Nein	**iyeh, naam/la**	**oui / non**
Guten Tag (zu Muslimen)	**Es Salaam alaykum**	**bonjour**
Als Antwort (von Muslimen)	**wa alaykum salaam**	
Guten Tag (zwanglos)	**La bes**	**bonjour**
Als Antwort (zwanglos)	**bikheer**	
Guten Abend	**msaa elkheer**	**bonsoir**
Auf Wiedersehen	**bislemah**	**au revoir**
Bitte	**min fadlak (fadlik)/afek**	**s'il vous plaît**
Danke	**schukran**	**merci**
Verzeihung	**Lau samaht**	**Excusez-moi**
So Gott will, hoffentlich	**Inschallah**	

UNTERWEGS

Ich habe die Orientierung verloren	**Ana T'left**	**Je suis perdu**
Ich verstehe nicht	**ana ma afhamsch**	**Je ne comprends pas**
Wo ist ...?	**Feyn ...?**	**Où se trouve ...?**
Moschee	**gaama; masjid**	**la mosquée**
Nah / fern	**qurayib/ba'id**	**près / loin**
Links / rechts	**lisir/limin**	**à gauche / à droite**
geradeaus	**nischan**	**tout droit**
Wie viele Kilometer?	**Kam kilomet?**	**Combien de kilomètres?**

NOTFALL

Apotheke	**farmasie**	**la pharmacie**
Krankenhaus	**mustaschfa**	**la clinique/ l'hôpital**
Arzt	**tabib**	**le médecin**
Medikament	**dawa'a**	**le médicament**
Schmerz	**alam**	**la douleur**
Es tut weh ... hier	**Y'allimni**	**J'ai mal ... içi**
Durchfall	**is'hal**	**la diarrhée**
Schwindel	**dawsah**	**le vertige**

RESTAURANT

Restaurant	**mataam**	**le restaurant**
Frühstück	**iftar**	**le petit déjeuner**
Mittagessen	**ghaada**	**le déjeuner**
Abendessen	**ascha'a**	**le dîner**
Brot	**khobz**	**le pain**
Butter	**zibda**	**le beurre**
Eier	**beed**	**les oeufs**
Fisch	**samak**	**le poisson**
Fleisch	**leham**	**la viande**
Hühnchen	**dajaj**	**le poulet**
Milch	**halib**	**le lait**
Tee	**schei**	**le thé**
Kaffee	**kahwa**	**le café**
Wasser	**mä/moja**	**l'eau**
Zucker	**sokkar**	**le sucre**

Ich möchte ... essen	**Brit akul ...**	**Je voudrais manger ...**

EINKAUFEN

Markt	**souk**	**le marché**
Das ist teuer	**Innahu raali**	**C'est cher**
Wie viel macht das?	**Schhaal hasa?**	**C'est combien?**
In einer anderen Farbe?	**Laun achir?**	**Une autre couleur?**
Wo ist der Spiegel?	**Aynal mir'ah?**	**Où est le miroir?**
genug	**kaafi**	**assez**
geöffnet	**mahlul**	**ouvert**
geschlossen	**mahdud**	**fermé**

ZAHLEN

0	**sifr**	**zéro**
1 / der/die Erste	**waahid/al'awwal**	**un / premier**
2 / der/die Zweite	**schusch/al-tani**	**deux / deuxième**
3 / der/die Dritte	**talata/ataalith**	**trois / troisième**
4	**arbaa**	**quatre**
5	**khamsah**	**cinq**
6	**sitta**	**six**
7	**sabbah**	**sept**
8	**tamaniyah**	**huit**
9	**tissah**	**neuf**
10	**ascharah**	**dix**
100	**miyyah**	**cent**
200	**miyyaten**	**deux cent**
2000	**alfayn**	**deux-mille**

GLOSSAR

Abou Vater (oft Bestandteil von Familiennamen)
Agdal Park, Obstgarten
Almohaden Puritanische Muslimgruppe (ursprünglich Berber), die sich gegen die herrschende Almohaviden-Dynastie erhoben (1147–1269)
Almoraviden Fanatische Muslimgruppe, die Spanien und den Maghreb beherrschte (1061–1147)
Arabesque Geometrisches und florales Ornament mit Schrift
Bab Tor in der Stadtmauer
Babouche Spitz zulaufende Pantoffeln aus Leder
Berber Ureinwohner von Marokko und Nordafrika
Borj Turm
Brochette Fleischspieß
Caid Distriktsverwalter
Calèche Pferdekutsche
Couscous Gericht mit Buchweizengries oder Weizen
Dar Haus
Derb Straße, Gasse, Winkel
Djemaa/jamaa Moschee
Dragoman Fremdenführer, Dolmetscher
Ensemble Artisanal Staatliches Geschäft mit Festpreisen
Fondouk Herberge, einfaches Hotel
Gare routière Busbahnhof
Haïk Traditioneller Schleier
Hammam Dampfbad in der Nähe einer Moschee für Waschungen vor dem Gebet
Haouz Ebene um Marrakech
Horm Heilige Bezirk, für nur für Muslime
Jbel Berg, Bergkette
Jellabah Von Frauen und Männern getragener Umhang mit Kapuze

Kasbah Befestigtes Dorf, Burg, Zitadelle
Khamsa Fünf, auch Bezeichnung für Silberamulette (Hand der Fatima)
Kibla Gebetsmauer (nach Osten ausgerichtet)
Kissaria Überdachter Markt
Koran (Qu'ran) Heiliges Buch der Muslime
Koubba Grabstätte, Heiligengrab, Kuppelbau
Lalla Frau
Makhzen Regierung
Maristan (Islamisches) Krankenhaus
Medersa Koranschule, theologische Hochschule
Medina Altstadt
Mellah Jüdisches Viertel
Midan Platz
Mihrab Gebetsnische in der Moschee
Minarett Schlanker Turm einer Moschee
Minbar Kanzel für das Freitagsgebet in einer Moschee
Minzah Garten in alten marokkanischen Häusern
Moulay Nachkomme Mohammeds, Titel marokkanischer Sultane
Mouloud Geburtstag des Propheten
Moussem Wallfahrt und Feier zu Ehren eines muslimischen Heiligen
Mstani Christ
Muezzin Gebetsausrufer
Oud Marokkanische Musik
Oued Fluss oder Flussbett
Pisé Baumaterial aus gepresstem Lehm und Steinen aus dem Flussbett
Ramadan Muslimischer Fastenmonat, neunter Monat des muslimischen Jahres
Ras Quelle
Riad Von Mauern umgebener Garten mit Brunnen und Teichen; Bezeichnung für die alten Stadtpaläste, die häufig zu Hotels umgestaltet sind
Sahn Hof einer Moschee
Sawiris Einwohner von Essaouira
Sharia Straße
Shereef Nachfolger Mohammeds
Sidi Herr
Souk Markt, Marktstraße, kleiner Markt
Tajine Eintopf, in der speziellen Tajine-Form zubereitet
Tizi Pass
Tuareg Berbernomaden aus der Sahara
Ville Nouvelle Neustadt
Zaouïa Sitz einer Bruderschaft, Wallfahrtsstätte, Heilgengrab
Zellijes Glasierte Kachelmosaiken

Cityplan

Legende

- Internationaler Flughafen
- Sehenswürdigkeit
- Information
- Moschee
- Synagoge
- Kirche
- Tennisplatz
- Busbahnhof
- Polizei
- Krankenhaus
- Post
- Museum
- Theater, Oper
- Botschaft
- Brunnen
- Parkplatz
- Schwimmbad
- Bemerkenswertes Gebäude/ Öffentliches Gebäude
- Fußgängerzone
- Gewässer
- Grünfläche
- 2 ★★ TOP 10
- 12 Nicht verpassen!
- 15 Nach Lust und Laune!

1 : 12 500

0 250 500 m

0 250 500 yd

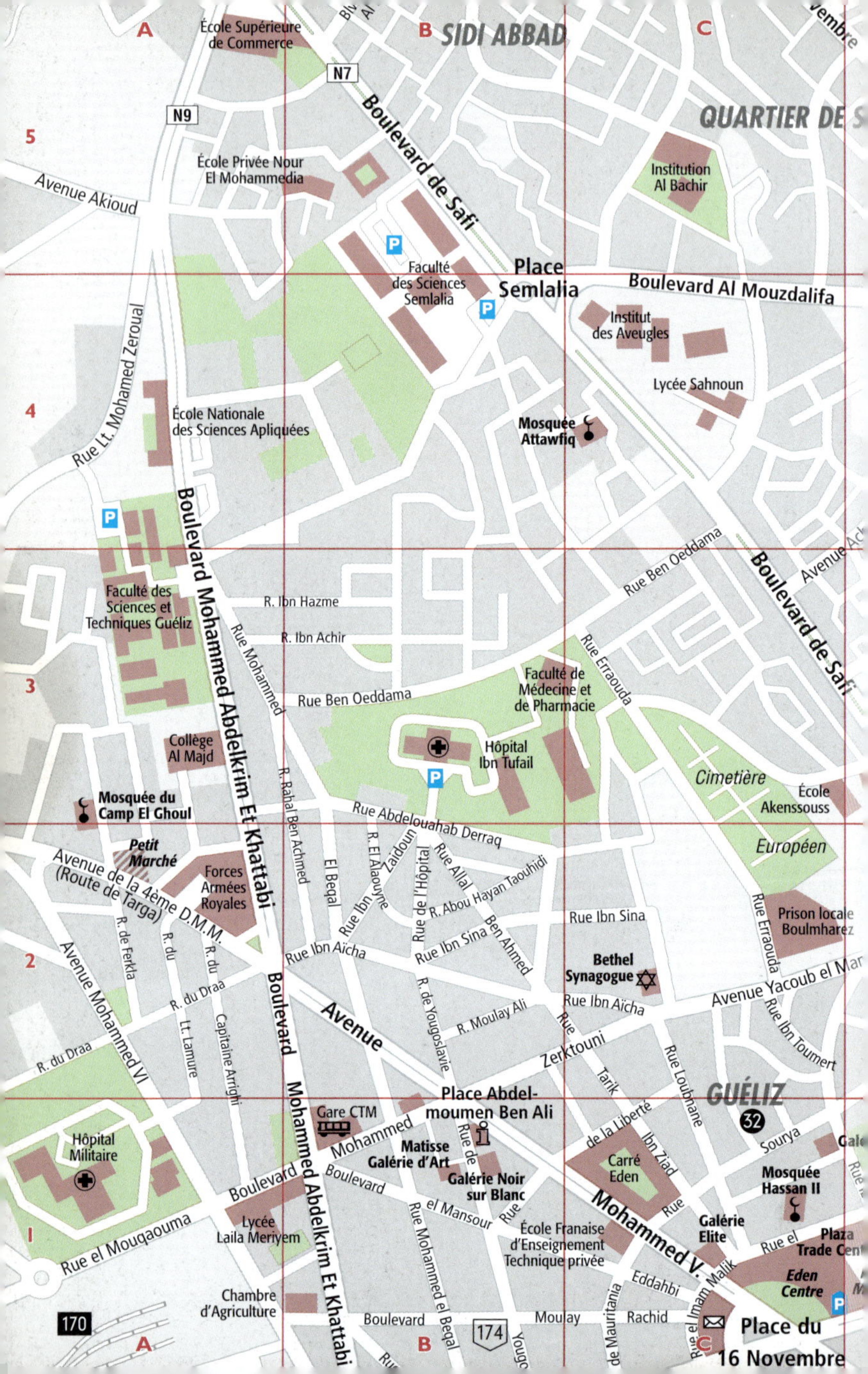
A
B
C
SIDI ABBAD
QUARTIER DE
École Supérieure de Commerce
N7
N9
5
4
3
2
1
Boulevard de Safi
École Privée Nour El Mohammedia
Avenue Akioud
Institution Al Bachir
Faculté des Sciences Semlalia
Place Semlalia
Boulevard Al Mouzdalifa
Institut des Aveugles
Lycée Sahnoun
Rue Lt. Mohamed Zeroual
École Nationale des Sciences Apliquées
Mosquée Attawfiq
Boulevard Mohammed Abdelkrim Et Khattabi
Faculté des Sciences et Techniques Guéliz
R. Ibn Hazme
R. Ibn Achir
Rue Mohammed
Rue Ben Oeddama
Rue Erraouda
Faculté de Médecine et de Pharmacie
Avenue
Collège Al Majd
Hôpital Ibn Tufail
Cimetière Européen
École Akenssouss
Mosquée du Camp El Ghoul
R. Rahal Ben Achmed
Rue Abdelouahab Derraq
Petit Marché
Forces Armées Royales
Avenue de la 4ème D.M.M. (Route de Targa)
El Beqal
R. El Alaouyne
Zaidoun
Rue de l'Hôpital
Rue Allal Ben Ahmed
R. Abou Hayan Taouhidi
Rue Ibn Sina
Prison locale Boulmharez
Rue Ibn Aïcha
Bethel Synagogue
Rue Erraouda
Avenue Yacoub el Mar
Rue Ibn Toumert
Avenue Mohammed VI
R. de Ferkla
R. du Draa
Lt. Lamure
Capitaine Arrighi
R. de Yougoslavie
R. Moulay Ali
Rue Tarik Ibn Ziad
Zerktouni
Rue Loubnane
GUÉLIZ
32
Place Abdel-moumen Ben Ali
Gare CTM
Hôpital Militaire
Mohammed
Boulevard
Matisse Galérie d'Art
Rue de la Liberté
Carré Eden
Sourya
Galérie Noir sur Blanc
Mosquée Hassan II
Rue el Mansour
Rue Mohammed el Beqal
Mohammed V.
École Franaise d'Enseignement Technique privée
Galérie Elite
Plaza Trade Cent
Rue el Mouqaouma
Lycée Laila Meriyem
Eden Centre
Eddahbi
Rue el Imam Malik
Chambre d'Agriculture
Boulevard Moulay Rachid
174
Rue de Mauritania
Place du 16 Novembre

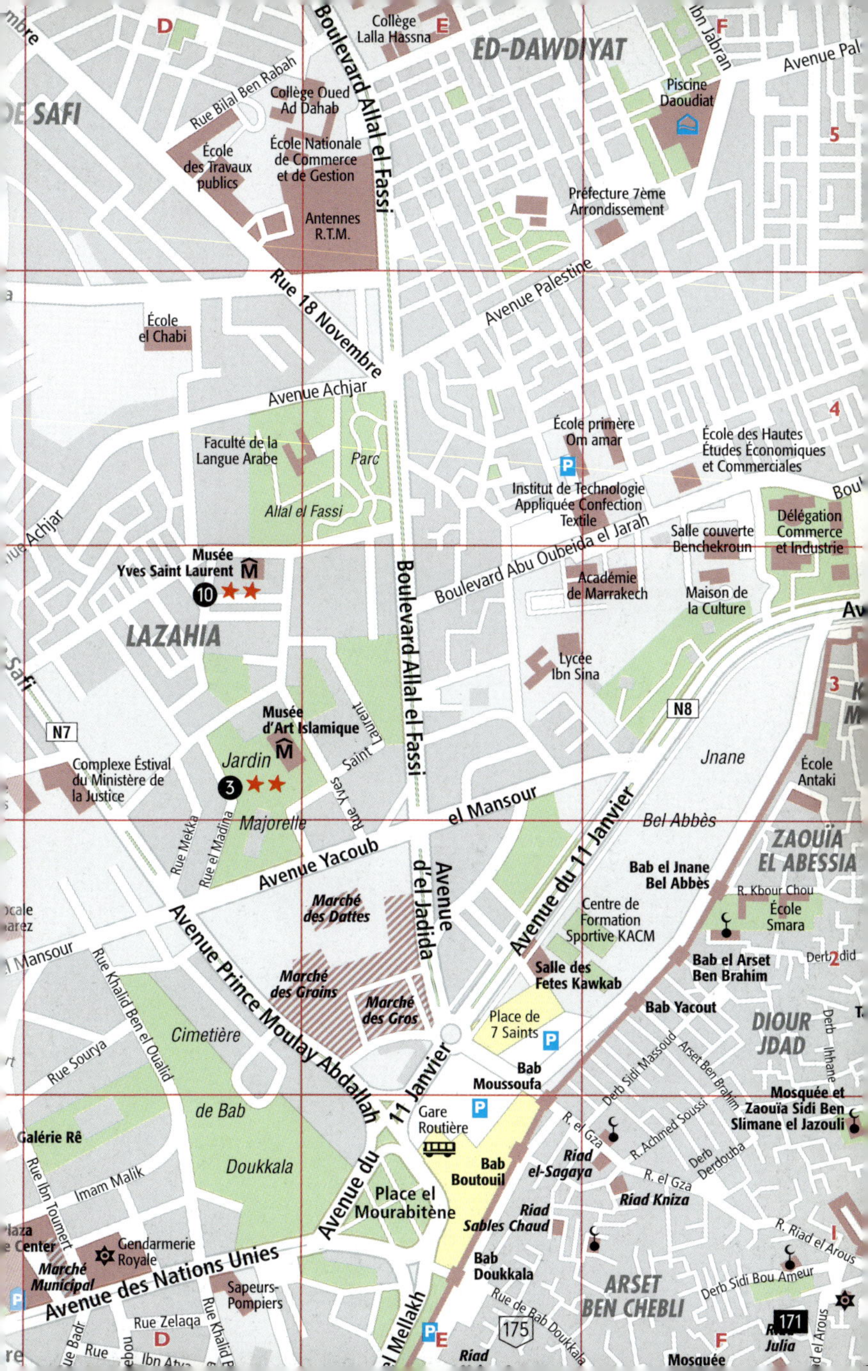

ED-DAWDIYAT
Collège Lalla Hassna
Collège Oued Ad Dahab
École Nationale de Commerce et de Gestion
Antennes R.T.M.
École des Travaux publics
Rue Bilal Ben Rabah
Boulevard Allal el Fassi
Ibn Jabran
Avenue Pal
Piscine Daoudiat
Préfecture 7ème Arrondissement
Rue 18 Novembre
Avenue Palestine
École el Chabi
Avenue Achjar
Faculté de la Langue Arabe
Parc
Allal el Fassi
École primère Om amar
École des Hautes Études Économiques et Commerciales
Institut de Technologie Appliquée Confection Textile
Salle couverte Benchekroun
Délégation Commerce et Industrie
Boulevard Abu Oubeida el Jarah
Musée Yves Saint Laurent
10
Académie de Marrakech
Maison de la Culture
LAZAHIA
Lycée Ibn Sina
N8
N7
Musée d'Art Islamique
Jardin
3
Majorelle
Rue Saint Laurent
Rue Yves
Complexe Éstival du Ministère de la Justice
Jnane
Bel Abbès
École Antaki
ZAOUÏA EL ABESSIA
el Mansour
Avenue du 11 Janvier
Avenue Yacoub
Avenue d'el Jadida
Rue Mekka
Rue el Madina
Marché des Dattes
Marché des Grains
Marché des Gros
Bab el Jnane Bel Abbès
R. Kbour Chou
École Smara
Centre de Formation Sportive KACM
Salle des Fetes Kawkab
Bab el Arset Ben Brahim
Bab Yacout
DIOUR JDAD
Avenue Prince Moulay Abdallah
Rue Khalid Ben el Oualid
Cimetière de Bab Doukkala
Rue Sourya
Place de 7 Saints
Bab Moussoufa
Gare Routière
Derb Sidi Massoud
Arset Ben Brahim
R. Achmed Soussi
Mosquée et Zaouïa Sidi Ben Slimane el Jazouli
Galérie Rê
Rue Ibn Toumert
Imam Malik
Riad el-Sagaya
R. el Gza
Riad Kniza
Bab Boutouil
Place el Mourabitène
Avenue du 11 Janvier
Riad Sables Chaud
Gendarmerie Royale
Marché Municipal
Avenue des Nations Unies
Sapeurs-Pompiers
Bab Doukkala
ARSET BEN CHEBLI
Derb Sidi Bou Ameur
R. Riad el Arous
Rue Zelaqa
Rue de Bab Doukkala
175
Mellakh
Riad Julia
Mosquée
Riad
D
E
F
5
4
3
2
1

A
B
C
1
2
3
4
5
ED-DAWDIYAT
Ibn Jabran
Avenue Palestine
CITÉ MOHAMMEDIA
Musée de l'Eau
35
Issil
Piscine Daoudiat
Avenue Ibn Sina
Boulevard Ariha
Groupe Scolaire Privé Ariha
Oued Issil
Préfecture 7ème Arrondissement
Oued
École Sidi Bel Abbass
Collège Rahali Farouq
Collège Chaîr al Hamra
Boulevard
École primère Om amar
École des Hautes Études Économiques et Commerciales
Boulevard Abou Oubeida Al Jarah
Institut de Technologie Appliquée Confection Textile
Délégation Commerce et Industrie
Province de Marrakech Tensift-el Haouz
La Palmeraie
171
Salle couverte Benchekroun
Académie de Marrakech
Maison de la Culture
Avenue du 11 Janvier
Route de
Bab Layadi
Cimetière de Tagouriant
Lycée Ibn Sina
KAÂ EL MECHRA
Souk el Khemis
N8
Route des Remparts
Boulevard Allal el Fassi
Jnane
École Antaki
Kaâ El Mechra
Cimetière Sidi Ahmed Ez Zaouïa
el Mansour
Bel Abbès
ZAOUÏA EL ABESSIA
Collège Ahmed Chao
Avenue d'el Jadida
Avenue du 11 Janvier
Bab el Jnane Bel Abbès
R. Kbour Chou
Sidi Bel Abbès
Cimetière Sidi Bel Abbès
Kaâ el Mechra
SIDI GHALEM
26
Centre de Formation Sportive KACM
École Smara
Sidi Ghalem
Bab el Khemis
Salle des Fetes Kawkab
Bab el Arset Ben Brahim
Derb Jdid
31
Zaouïa Sidi Bel Abbès
R. de
Fontaine Moulay Rachid
Bab Taghzout
R. Bin Lamâssar
Place de 7 Saints
Bab Yacout
DIOUR JDAD
Derb Ihhane
Cimetière Sidi Bel Abbès
R. de Bab Taghzout
Derb el Akkari
R. Assouel
Hôpital Sheik Daoud el Antaki
Janvier
Bab Moussoufa
Derb Sidi Massoud
Arset Ben Brahim
Mosquée et Zaouïa Sidi Ben Slimane el Jazouli
Kissaria Bab Taghzout
R. Bin Lamâssar
Gare Routière
R. el Gza
R. Achmed Soussi
Mosquée Arset El Mellak
Riad el-Sagaya
Derb Derdouba
Mosquée Ben Nacer
El Antak
Bab Boutouil
R. el Gza
R. Sidi Ben Slimane
R. Ank Jemel
R. Assouel
Riad Kniza
Arset Berdai Jdida
Riad Sables Chaud
R. Riad el Arous
RIAD EN AROUS
R. Diour Saboun
30
Musée du Parfum
ASSOUEL
Bab Doukkala
Collège Mohammed V
Derb Sidi Bou Ameur
ARSET BEN CHEBLI
Riad Bel Baraka
Fontaine Chrob ou Choufo
R. Assouel
172
Rue de Bab Doukkala
176
R. Riad el Arous
Mosquée Bouharba
Riad
Riad Julia
Zaouïa Sidi Abdel
R. Amesfah
Mosquée
2
Tarik Sidi B

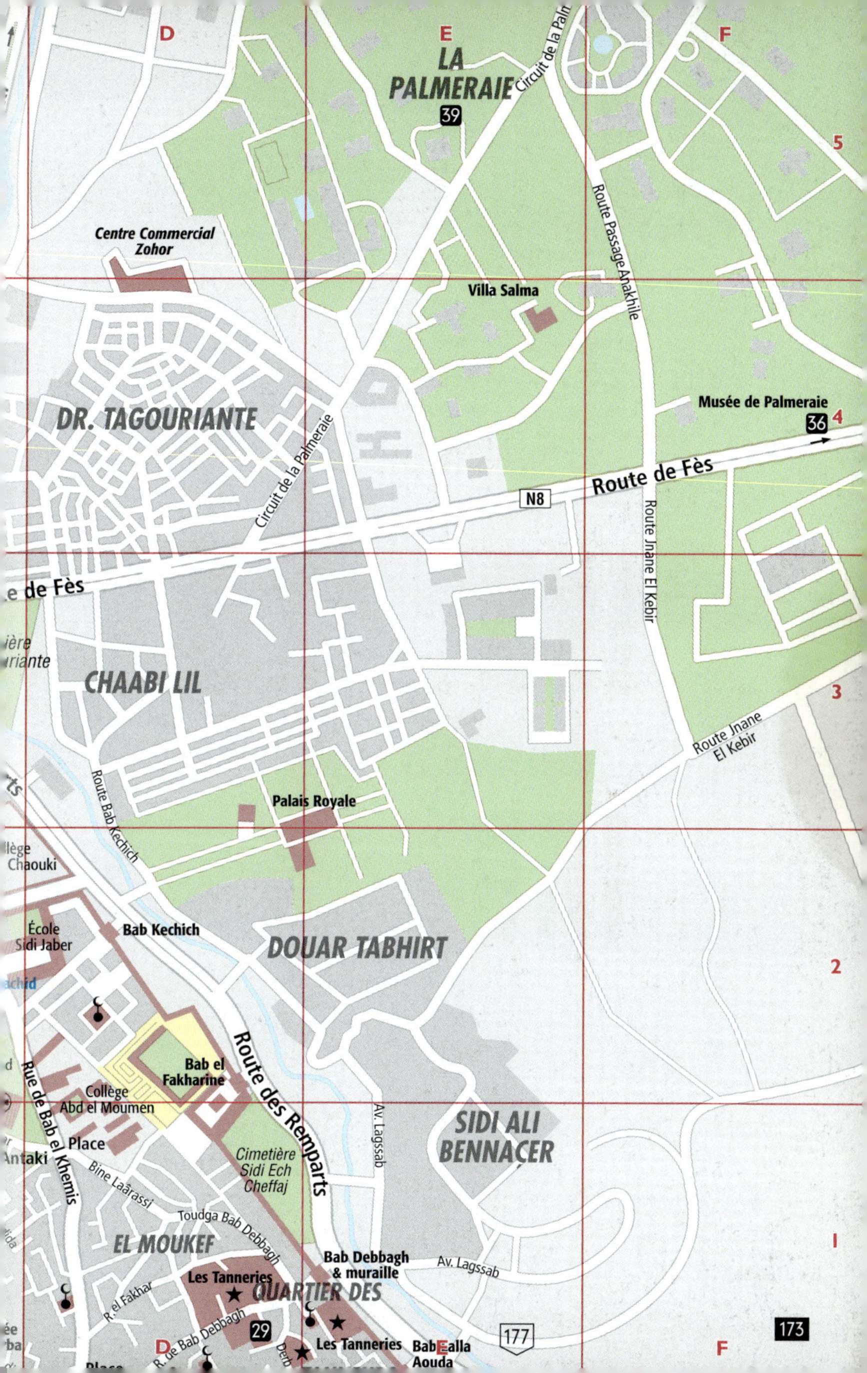
D
E
F
LA PALMERAIE
39
Circuit de la Palm
5
Centre Commercial Zohor
Villa Salma
Route Passage Anakhile
DR. TAGOURIANTE
Circuit de la Palmeraie
Musée de Palmeraie
36
4
Route de Fès
N8
Route Jnane El Kebir
e de Fès
CHAABI LIL
3
Route Jnane El Kebir
Route Bab Kechich
Palais Royale
Collège Chaouki
École Sidi Jaber
Bab Kechich
DOUAR TABHIRT
2
Bab el Fakharine
Collège Abd el Moumen
Route des Remparts
Av. Lagssab
SIDI ALI BENNACER
Rue de Bab el Khemis
Place
Antaki
Bine Laârassi
Cimetière Sidi Ech Cheffaj
Toudga Bab Debbagh
EL MOUKEF
1
Bab Debbagh & muraille
Av. Lagssab
Les Tanneries
QUARTIER DES
R. el Fakhar
29
R. de Bab Debbagh
Derb
Les Tanneries
Bab Jalla Aouda
177
D
E
F

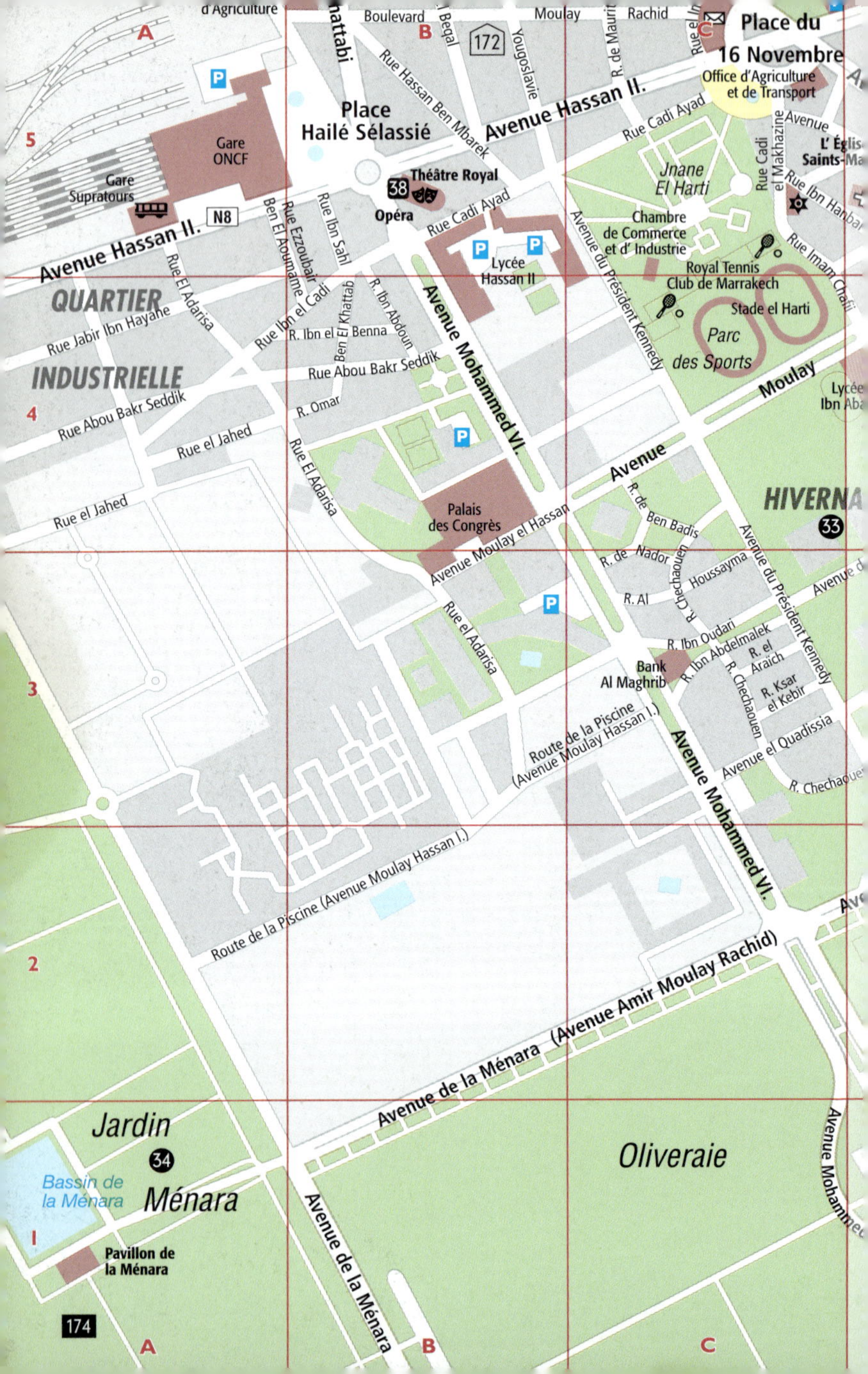
d'Agriculture
A
B
C
Boulevard
Moulay
Rachid
172
Place du
16 Novembre
Office d'Agriculture
et de Transport
hattabi
Beqal
Yougoslavie
R. de Mauri
Rue el In
Rue Hassan Ben Mbarek
Avenue Hassan II.
Place
Hailé Sélassié
Gare
ONCF
Gare
Supratours
N8
Théâtre Royal
38
Opéra
Rue Cadi Ayad
Rue Cadi Ayad
Avenue
L' Églis
Saints-Ma
Jnane
El Harti
Rue Cadi
el Makhazine
Rue Ibn Hanbal
Chambre
de Commerce
et d' Industrie
Rue Imam Chafii
Royal Tennis
Club de Marrakech
Stade el Harti
Parc
des Sports
Avenue du Président Kennedy
Lycée
Hassan II
Rue Ibn Sahl
Rue Ezzoubair
Ben El Aounane
Avenue Hassan II.
5
QUARTIER
INDUSTRIELLE
Rue El Adarisa
Rue Jabir Ibn Hayane
Rue Ibn el Cadi
R. Ibn el Benna
Ben El Khattab
R. Ibn Abdoun
Avenue Mohammed VI.
Rue Abou Bakr Seddik
Rue Abou Bakr Seddik
R. Omar
Moulay
Lycée
Ibn Aba
4
Rue el Jahed
Rue el Jahed
Rue El Adarisa
Avenue
Palais
des Congrès
Avenue Moulay el Hassan
R. de Ben Badis
HIVERNA
33
R. de Nador
R. Chechaouen
Houssayma
Avenue du Président Kennedy
Avenue d
R. Al
Rue el Adarisa
R. Ibn Oudari
R. Ibn Abdelmalek
R. el Araïch
Bank
Al Maghrib
R. Chechaouen
R. Ksar el Kebir
3
Route de la Piscine
(Avenue Moulay Hassan I.)
Avenue Mohammed VI.
Avenue el Quadissia
R. Chechaouen
Route de la Piscine (Avenue Moulay Hassan I.)
Av
2
(Avenue Amir Moulay Rachid)
Avenue de la Ménara
Jardin
34
Ménara
Bassin de
la Ménara
Oliveraie
Avenue Mohammed
1
Pavillon de
la Ménara
Avenue de la Ménara
A
B
C

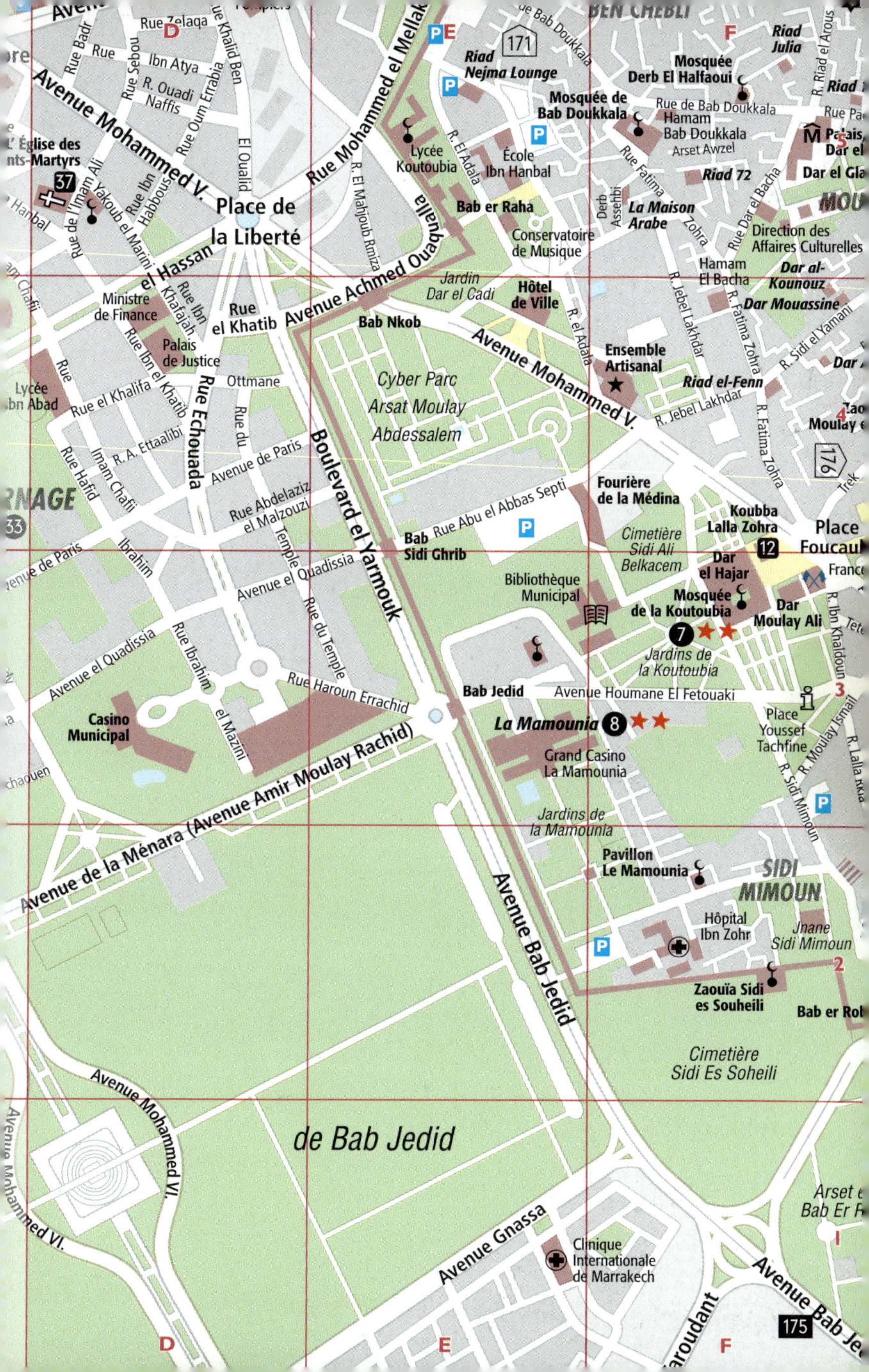
D
E
F
Riad Nejma Lounge
171
Riad Julia
Mosquée Derb El Halfaoui
Rue Zelaqa
Rue Badr
Rue Sebou
Ibn Atya
R. Ouadi Naffis
Rue Oum Errabia
Rue Khalid Ben El Oualid
Rue Mohammed el Mellakh
Avenue Mohammed V.
L'Église des Saints-Martyrs
37
Place de la Liberté
Lycée Koutoubia
R. El Adala
École Ibn Hanbal
Mosquée de Bab Doukkala
Rue de Bab Doukkala
Hamam Bab Doukkala
Arset Awzel
Riad 72
Palais Dar el Glaoui
Dar el Glaoui
5
Rue Fatima Zohra
Derb Assebbi
La Maison Arabe
Bab er Raha
Conservatoire de Musique
R. El Mahjoub Rmiza
Rue de l'Imam Ali
Yakoub el Marini
Rue Ibn Habbous
el Hassan
Ministre de Finance
Rue Ibn Khafajah
Rue el Khatib
Avenue Achmed Ouaqualla
Jardin Dar el Cadi
Hôtel de Ville
R. el Adala
Rue Dar el Bacha
Direction des Affaires Culturelles
Hamam El Bacha
R. Jebel Lakhdar
R. Fatima Zohra
Dar al-Kounouz
Dar Mouassine
R. Sidi el Yamani
Bab Nkob
Palais de Justice
Rue Ibn el Khatib
Ottmane
Rue Echouada
Avenue Mohammed V.
Ensemble Artisanal
Riad el-Fenn
R. Jebel Lakhdar
Lycée Ibn Abad
Rue el Khalifa
Cyber Parc Arsat Moulay Abdessalem
Boulevard el Yarmouk
R. A. Ettaalibi
Rue Hafid
Imam Chafii
Avenue de Paris
Rue du Temple
176
Fourière de la Médina
Rue Abu el Abbas Septi
Koubba Lalla Zohra
Place Foucauld
Rue Abdelaziz el Malzouzi
Temple
Bab Sidi Ghrib
Cimetière Sidi Ali Belkacem
12
Dar el Hajar
Avenue de Paris
Ibrahim
Avenue el Quadissia
Bibliothèque Municipal
Mosquée de la Koutoubia
7
Dar Moulay Ali
R. Ibn Khaldoun
Jardins de la Koutoubia
Avenue el Quadissia
Rue Ibrahim
Rue du Temple
Rue Haroun Errachid
Bab Jedid
Avenue Houmane El Fetouaki
3
Place Youssef Tachfine
Casino Municipal
el Mazini
La Mamounia
8
Grand Casino La Mamounia
R. Moulay Ismail
R. Sidi Mimoun
Avenue Amir Moulay Rachid
Avenue de la Ménara (Avenue Amir Moulay Rachid)
Jardins de la Mamounia
Pavillon Le Mamounia
SIDI MIMOUN
Avenue Bab Jedid
Hôpital Ibn Zohr
Jnane Sidi Mimoun
2
Zaouïa Sidi es Souheili
Bab er Robb
Cimetière Sidi Es Soheili
Avenue Mohammed VI.
de Bab Jedid
Avenue Mohammed VI.
Avenue Gnassa
Clinique Internationale de Marrakech
Arset el Bab Er Robb
Avenue Bab Jedid
Taroudant
D
E
F

Ben Chebli
Riad Julia
Riad Nejma Lounge
Mosquée Derb el Halfaoui
Mosquée de Bab Doukkala
Rue de Bab Doukkala
Hamam Bab Doukkala
Arset Awzel
172
Zaouïa Sidi Abdel Aziz el Harrar
Riad 12
Rue Pacha el Glaoui
Palais/ Musée Dar el Bacha
Fondouks
R. Amesfah
Dar Belarj
Mosquée Ben Youssef
Chrob ou Chouf
Mosquée Bouharba
Madrasa Ben Youssef
Mosquée Elousta
Musée de Marrakech
Koubba Almoravide
École Ibn Hanbal
Riad 72
Dar el Glaoui
Mouassine
Mosquée Souk el Haijarine
Derb Sidi Ishak
Bab er Raha
Conservatoire de Musique
La Maison Arabe
Direction des Affaires Culturelles
Mosquée Mouassine
Fontaine Mouassine
Mosquée Sidi Ishak
Jardin Dar el Cadi
Hôtel de Ville
Hamam el Bacha
Dar al-Kounouz
Dar Mouassine
Dar Cherifa
Médina
Place Rahbat Kedima
Souks
Ensemble Artisanal
Avenue Mohammed V.
Riad el-Fenn
Dar Attajmil
Riad el-Cadi
R. Dabachi
Parc Moulay salem
R. Jebel Lakhdar
Zaouïa Sidi Moulay el Ksour
Place Bab Fteuh
Mosquée Kharbouch
Souk Qessabine
Djemaa el Fna
R. des Banques
Riad el-Moussika
Fourière de la Médina
Rue Abu el Abbas Septi
Koubba Lalla Zohra
Place Foucauld
Cimetière Sidi Ali Belkacem
Bank el Maghrib
Dar el Hajar
France
Riad les Bougainvilliers
175
Bibliothèque Municipal
Mosquée de la Koutoubia
Dar Moulay Ali
Jardins de la Koutoubia
Hôpital Arset el Mokha
Derb el Hbass
Riad Kaiss
Préfecture Médina
Bab Jedid
Avenue Houmane el Fetouaki
La Mamounia
Place Youssef Tachfine
Hamam Ziani
Dar Tiskiwin
Grand Casino La Mamounia
Riad Eden
Jardins de la Mamounia
Souk Lalla Rkia
Arset el Maach
Marché Couvert
Pavillon Le Mamounia
Sidi Mimoun
RADEEMA
Arset el Haj
Place des Ferblantiers
Green Pavillon
Rue Arsets el Mâach
Crystal Pavillon
Hôpital Ibn Zohr
Jnane Sidi Mimoun
Audience Pavillon
Palais el Badii
Avenue Bab Jedid
Bab Agnaou
Mosquée de la Kasbah
Khaysuan Pavillon
Zaouïa Sidi es Souheili
Bab er Rob
Hamam Les Bains de Marrakech
Tombeaux Saâdiens
Cimetière Sidi es Soheili
Centre Artisanal
Derb Abda
Route d'Ourika
Kasbah
Arset et Bab er Rob
Maison Mnabha
Derb Mnabha
R. de la Kasbah
Avenue Gnassa
Clinique Internationale de Marrakech
R. Bab Méchouar
Bab Ksiba
Derb Chtouka

D
E
F
5
4
3
2
1
29
Les Tanneries
Bab Lalla Aouda
173
Route des Remparts
Oued Issil
TANNEURS
Derb Soussan
R. de Bab Debbagh
Place du Moukef
Musée de la Photographie
24
Derb Tachanbacht
DAR DEBBAGH
Dar Hanane
Lycée Lalla Aouda Saâdia
Dar Tayib
Fondouk My-Hfid
Rue Essebtiyne
Mosquée Azebzed
Musée Boucharouite
25
École Moulay Rachid
Zenket Soussane
BAB AYLEN
Derb el Kadi
Bab Aylen
Mosquée Cadi Ayad
Zaouïa Sidi Ben Salah
Arset Sidi Youssef
R. de Bab Aylen
Derb Boutouil
Trik Boutouil
R. el Cadi Ayad
Place Sidi Youb
R. Fral Semar
Taoulat Ben Salen
Centre Cadi Ayad
R. Sidi Boulabada
Dabachi
ARSET EL BARAKA
Derb Ferran
Derb Jdid
DOUAR GRAOUA
Arset el Houta
Rue Arset Moulay Bouazza
Trik Arset Loghzail
R. Laârassi
Derb Jnane Bousseki
Route des Remparts
R. Douar Graoua
Riad el-Moussika
Derb Jdid
Lycée Mohamed V
Derb Ferran
École Arset el Bani
Douar Graoua
Bab Ahmad
R. el Cadi Ayad
Collège el Farabi
Collège Allaymoun
Place Douar Graoua
Palais Moulay Idriss
Jnan Ben Chegra
Maison de l'Enfant Bab Ghmat
JNANE BEN CHEGRA
École Oum Salma
Bab Ghemat
Rue Bab Ghemat
16 Dar Si Saïd
Derb Si Saïd
Préfecture Médina
Jnan Ben Chegra
Lycée Hassan Ibn Abi Tabit
Rue Imam Rhezoli
Mausolée Sidi Youssef Ben Ali
17
Derb
Riad Akka
el Bahia
Dar Tiskiwin
Palais de la Bahia
4
Route Assoure
Rue Imam el Rhezoli
Bahia Bab Mellah
Cimetière
Jardin Bab Ghemat
Rue Belaid
Lazama Synagogue
Cimetière Juif de Miâara
R. Riad Zitoun el Jedid
Rue du Djenane el Afia
18
Mellah
12
Crystal Pavillon
MELLAH
de Bab Ghemat
Collège el Mansour Addahbi
JNANE EL AFIA
Avenue Al-Saquia
Mosquée Berrima
Rue de Berrima
Piscine Municipal Syba
BERRIMA
Commune Urbaine Mechouar-Kasba
Rue Belaid
Bab Berrima
Collège Yacoub el Mansour
Palais Royal
Bab er Ryal
BAB HMAR
École el Wahda
École Meriyam
Méchouar intérieure
Rue de Bab Hmar
Bab Hmar
École Moulay Ali Cherif
Avenue Al-Msalla
Méchouar intérieure
Derb Jamaa
Avenue Tassiltante
Conseil Régionale de Tensift/el Haous
Jardin Msalla
19
Rue Bab el Arhdar
Bab er Rih
Jardins de l'Agdal
177
Bab el Aghdar

Straßenregister

G

H

I

J

K

L

M

N

O

P

R

Register

BILDNACHWEIS

AA/Anna Mockford & Nick Bonetti: 6 (3), 6 (6), 6 (9), 14, 21 (oben rechts), 30/31, 60, 62, 66, 67, 70, 71, 88, 89, 90, 91, 92, 96, 97, 112, 113, 120, 130, 131, 133, 135, 137, 143 (oben und unten), 144, 145 (unten), 144, 147, 150, 151

AA/I. Burgum: 21 (unten)

AA/S. McBride: 6 (7), 23, 43

awl Images/Mauricio Abreu: 93

Elantravel/Elan Fleisher: 5 (oben, unten), 6 (1.), 6 (2), 6 (5), 9, 10 (oben), 12/13, 15, 16/17, 21 (oben links), 25 (Mitte und unten), 35 (unten), 36, 37, 38, 39, 40, 41, 47, 49, 50, 52/53, 57 (oben links), 58 (oben rechts), 59, 65, 72, 73, 74, 75, 78/79, 83 (oben und unten), 84, 85, 86, 87, 95, 98, 101, 102/103, 108, 109 (oben, unten), 110, 111, 118, 119, 121, 122, 125, 126/127, 138, 139, 140/141, 145 (oben), 152/153

Fotolia: ivoha 68, Edler von Rabenstein 46

Getty Images: Chris Jackson 18 (links), AFP/Ali Linh 19

GlowImages: 6 (8), 64

istock/Visual Intermezzo: 76, 148

laif/Le Figaro Magazine/Eric Martin: 26 (oben), 26 (unten: Mohamed Mourabiti) © VG Bild-Kunst, Bonn 2018

laif/Lutz Jaekel: 63

laif/gavinhellier/robertharding/Laif: 116

LOOK-foto/age fotostock: 29 (unten)

mauritius images: Andy Ridder 10 unten, Andy Ridder 29 oben, ib/KFS 29 (Mitte), Dipak Pankhania/Alamy 44, Chris Lewington/Alamy 45, imageBROKER/KFS 69, imageBROKER/Peter Schickert 57 (rechts), Wendy Johnson/Alamy 58 (links)

Musée de Mouassine: 35 oben

Nadim, Hassan: 27 (oben), mit freundlicher Genehmigung von Moulay Youssef Elkahfai

picture alliance/dpa: Sabine Glaubitz 6 (10), 114, Daniel Fouray 115

Shutterstock: 6 (4), 22, 43, 58 (unten links), 61, 99, 107, 117

Titelbilder: U1 oben: Getty Images /Peerakit JIrachetthakun
U1 unten: Getty Images / Lee Frost
U8 Getty Images / Richmatts

VERLAG KARL BAEDEKER
3. Aufl. 2019
Völlig bearbeitet und neu gestaltet

Text: Muriel Brunswig-Ibrahim, Jane Egginton, Sylvie Franquet
Übersetzung: Anne Pitz
Redaktion: Sabine Zürn
Projektleitung: Dieter Luippold
Programmleitung: Birgit Borowski
Chefredaktion: Rainer Eisenschmid

Kartografie: © MAIRDUMONT GmbH & Co. KG, Ostfildern

Anzeigenvermarktung:
MAIRDUMONT MEDIA
Tel. 0711/45 02 0
media@mairdumont.com
media.mairdumont.com

Printed in Poland

Trotz aller Sorgfalt von Autoren und Redaktion sind Fehler und Änderungen nach Drucklegung leider nicht auszuschließen. Dafür kann der Verlag keine Haftung übernehmen. Berichtigungen, Kritik und Verbesserungsvorschläge sind uns jederzeit willkommen, bitte informieren Sie uns unter:
Verlag Karl Baedeker / Redaktion
Postfach 3162
D-73751 Ostfildern
Tel. 0711 4502 262
smart@baedeker.com
www.baedeker.com

FSC
www.fsc.org
MIX
Papier aus verantwortungsvollen Quellen
FSC® C018236